UF0852

INSTALACIÓN Y ACTUALIZACIÓN DE SISTEMAS OPERATIVOS

UF0852

INSTALACIÓN Y ACTUALIZACIÓN DE SISTEMAS OPERATIVOS

Grupo Montepinar

La ley prohíbe
fotocopiar este libro

UF0852 - INSTALACIÓN Y ACTUALIZACIÓN DE SISTEMAS OPERATIVOS
Código THEMA: UL Sistemas Operativos
Código BISAC: COM046000
© Grupo Montepinar
© De la edición: Ra-Ma 2026

Editado por:
RA-MA Editorial
Calle Jarama, 33, Polígono Industrial Igarsa
28860 PARACUELLOS DE JARAMA, Madrid
Teléfono: 91 658 42 80
Fax: 91 662 81 39
Correo electrónico: *info@grupoeditorialrama.com*
Internet: *www.ra-ma.es* y *www.ra-ma.com*
ISBN impreso: 979-13-88059-81-0
Depósito legal: M-7569-2026
Maquetación: Antonio García Tomé
Diseño de portada: Antonio García Tomé
Filmación e impresión: Safekat
Impreso en España en marzo de 2026

ÍNDICE

1

ARQUITECTURAS DE UN SISTEMA MICROINFORMÁTICO

La arquitectura de un sistema microinformático hace referencia a la forma en que se organizan y relacionan los distintos componentes que integran un ordenador. Comprender esta estructura resulta fundamental para cualquier profesional del ámbito tecnológico, ya que permite interpretar el funcionamiento del equipo, identificar posibles fallos y optimizar su rendimiento.

Un sistema microinformático no es únicamente un conjunto de piezas físicas conectadas entre sí. Se trata de una estructura diseñada para procesar información de manera eficiente, en la que cada elemento cumple una función específica dentro de un proceso coordinado. Desde la recepción de datos hasta la obtención de resultados, el sistema sigue un flujo lógico que depende de la correcta interacción entre sus componentes.

El conocimiento de la arquitectura facilita además la toma de decisiones relacionadas con la ampliación del equipo, la sustitución de componentes o la compatibilidad entre dispositivos. En entornos profesionales, esta comprensión contribuye a mejorar las tareas de mantenimiento y a reducir los tiempos de intervención ante incidencias.

1.1 ESQUEMA FUNCIONAL DE UN ORDENADOR

El esquema funcional de un ordenador representa el modo en que la información circula a través del sistema. Este flujo puede resumirse en cuatro grandes fases: entrada de datos, procesamiento, almacenamiento y salida de la información.

Cuando un usuario introduce datos mediante un teclado, un ratón u otro dispositivo, estos son enviados a la memoria del sistema. Posteriormente, la unidad central de proceso interpreta las instrucciones y ejecuta las operaciones necesarias. Finalmente, los resultados se muestran al usuario o se almacenan para su uso posterior.

Este modelo funcional se basa en la arquitectura clásica de **Von Neumann**, que establece la existencia de una memoria única para datos e instrucciones y un procesador encargado de ejecutar las operaciones. A pesar de los avances tecnológicos, este planteamiento continúa siendo la base de la mayoría de los sistemas actuales.

Comprender este esquema permite visualizar el ordenador como un sistema organizado y no como una simple acumulación de componentes.

1.2 SUBSISTEMAS

Un sistema microinformático se divide en varios subsistemas que trabajan de forma coordinada para garantizar el funcionamiento global del equipo. Cada uno de ellos desempeña un papel específico dentro del procesamiento de la información.

Entre los principales subsistemas destacan:

- Subsistema de procesamiento.
- Subsistema de memoria.
- Subsistema de entrada y salida.
- Subsistema de almacenamiento.
- Subsistema de interconexión (buses).

La integración de estos elementos permite que el ordenador funcione como un sistema coherente. Si alguno de ellos falla, el rendimiento general puede verse comprometido.

Desde una perspectiva técnica, la modularidad de estos subsistemas facilita la actualización del equipo, ya que muchos componentes pueden sustituirse sin necesidad de reemplazar el sistema completo.

1.3 LA UNIDAD CENTRAL DE PROCESO Y SUS ELEMENTOS

La unidad central de proceso (CPU) es el núcleo del sistema microinformático. Se encarga de interpretar las instrucciones de los programas y ejecutar las operaciones necesarias para procesar los datos.

Puede considerarse el "cerebro" del ordenador, ya que coordina el funcionamiento del resto de los componentes.

La CPU está formada por varios elementos internos, entre los que destacan:

Unidad de control

Dirige el flujo de datos dentro del sistema y determina qué instrucciones deben ejecutarse en cada momento.

Unidad aritmético-lógica (ALU)

Realiza operaciones matemáticas y comparaciones lógicas indispensables para el procesamiento de la información.

Registros internos

Componente del procesador (Hardware)	Función principal	Software relacionado
Unidad de Control (CU)	Interpreta instrucciones y coordina el flujo de datos.	Sistema operativo • Programas en ejecución.
ALU (Unidad Aritmético-Lógica)	Realiza operaciones matemáticas y lógicas.	Aplicaciones que requieren cálculos • Procesos del sistema.
Registros	Almacenan datos e instrucciones de forma temporal y ultrarrápida.	Datos de programas • Variables temporales • Instrucciones del sistema operativo.

Son pequeñas áreas de memoria ultrarrápida que almacenan temporalmente los datos que el procesador necesita utilizar de inmediato.

El rendimiento de la CPU depende de factores como la frecuencia de reloj, el número de núcleos o la arquitectura del procesador. En los equipos actuales es habitual encontrar procesadores multinúcleo capaces de ejecutar varias tareas simultáneamente.

1.4 MEMORIA INTERNA, TIPOS Y CARACTERÍSTICAS

La memoria interna permite almacenar temporalmente los datos y las instrucciones que el procesador necesita para trabajar. Su velocidad es muy superior a la de los sistemas de almacenamiento permanente, lo que la convierte en un elemento crítico para el rendimiento del equipo.

Los tipos principales de memoria interna son:

Memoria RAM (Random Access Memory)

Es una memoria volátil, lo que significa que su contenido se pierde cuando se apaga el ordenador. Permite el acceso rápido a los datos y facilita la ejecución de programas.

Memoria ROM (Read Only Memory)

Contiene instrucciones permanentes necesarias para el arranque del sistema. No se borra al apagar el equipo.

Memoria caché

Se sitúa entre la CPU y la RAM y almacena los datos más utilizados para acelerar el procesamiento. Cuanto mayor y más rápida sea la caché, mejor será el rendimiento del sistema.

La cantidad de memoria instalada influye directamente en la capacidad del equipo para ejecutar múltiples aplicaciones sin ralentizaciones.

1.5 UNIDADES DE ENTRADA Y SALIDA

Las unidades de entrada y salida, también conocidas como dispositivos de **E/S (Input/Output)**, constituyen el principal canal de comunicación entre el sistema microinformático y el entorno externo. Gracias a estos dispositivos, el ordenador puede recibir información, procesarla y devolver resultados comprensibles para el usuario. Sin ellos, el sistema quedaría aislado, sin posibilidad de interacción ni aprovechamiento práctico.

Desde una perspectiva funcional, los dispositivos de entrada permiten introducir datos y órdenes en el sistema, mientras que los dispositivos de salida muestran o transmiten la información procesada. Ambos tipos trabajan de forma coordinada con la unidad central de proceso y la memoria, formando parte esencial del flujo de información del equipo.

1.6 DISPOSITIVOS DE ENTRADA

Los dispositivos de entrada capturan información del exterior y la transforman en señales digitales que el ordenador puede interpretar. Su evolución ha estado marcada por la búsqueda de mayor precisión, velocidad y ergonomía.

Entre los más habituales destacan:

- **Teclado:** permite introducir texto, números y comandos. Existen variantes ergonómicas y modelos especializados para diseño o programación.

- **Ratón:** facilita la interacción gráfica mediante el movimiento del cursor. Actualmente predominan los modelos ópticos e inalámbricos.

- **Escáner:** digitaliza documentos e imágenes físicas para su almacenamiento o edición.

- **Micrófono:** convierte el sonido en información digital, imprescindible en videoconferencias y sistemas de reconocimiento de voz.

▶ **Cámara web:** permite la captura de imágenes y vídeo en tiempo real.

▶ **Pantallas táctiles:** integran entrada directa mediante el contacto con la superficie.

La tendencia actual apunta hacia interfaces más naturales, como el reconocimiento facial, los sensores biométricos o los asistentes de voz, que reducen la dependencia de los dispositivos tradicionales.

1.7 DISPOSITIVOS DE SALIDA

Los dispositivos de salida presentan al usuario el resultado del procesamiento de datos. Su calidad influye directamente en la experiencia de uso y en la eficiencia del trabajo.

Los más representativos son:

▶ **Monitor:** muestra la información visual. Factores como la resolución, el tamaño o la tecnología del panel (LED, IPS, OLED) determinan la calidad de la imagen.

▶ **Impresora:** permite obtener copias físicas de los documentos. Las impresoras láser destacan por su velocidad, mientras que las de inyección de tinta ofrecen gran calidad en imágenes.

▶ **Altavoces y auriculares:** reproducen el sonido generado por el sistema.

▶ **Proyectores:** utilizados en entornos educativos y empresariales para mostrar contenidos a gran escala.

Algunos dispositivos combinan funciones de entrada y salida, como las pantallas interactivas o los equipos multifunción (impresora–escáner), lo que demuestra la creciente integración tecnológica.

1.8 IMPORTANCIA DE LOS DISPOSITIVOS DE E/S

La elección adecuada de estos dispositivos debe considerar aspectos como la compatibilidad con el sistema operativo, la velocidad de transferencia, la calidad de la señal y la ergonomía. En entornos profesionales, una mala selección puede afectar tanto a la productividad como al confort del usuario.

Además, la correcta instalación de controladores garantiza que el sistema operativo reconozca los periféricos y permita aprovechar todas sus funcionalidades.

1.9 DISPOSITIVOS DE ALMACENAMIENTO, TIPOS Y CARACTERÍSTICAS

Los dispositivos de almacenamiento constituyen la memoria permanente del sistema microinformático. A diferencia de la memoria principal, estos dispositivos conservan la información incluso cuando el equipo se apaga, lo que permite mantener programas, documentos y configuraciones a largo plazo.

Su importancia es estratégica: sin almacenamiento no existiría persistencia de los datos, y cada sesión de trabajo comenzaría desde cero.

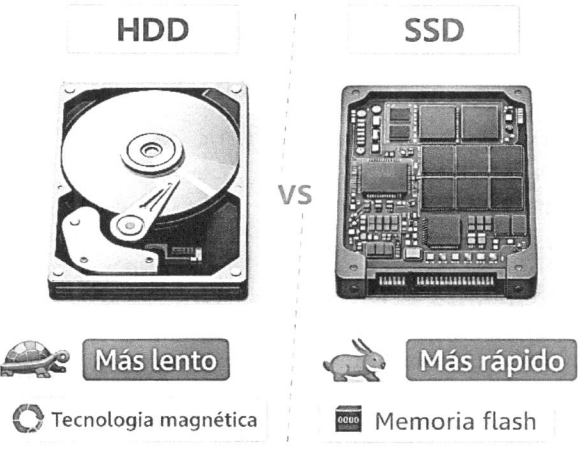

1.10 FUNCIÓN DEL ALMACENAMIENTO

El almacenamiento cumple varias funciones esenciales:

- Guardar el sistema operativo.
- Conservar aplicaciones y archivos.
- Permitir copias de seguridad.
- Facilitar el transporte de información.
- Servir como soporte para la recuperación ante fallos.

La capacidad y velocidad del sistema de almacenamiento influyen directamente en el rendimiento global del ordenador, especialmente en tareas que requieren acceso continuo a grandes volúmenes de datos.

1.11 TIPOS PRINCIPALES DE DISPOSITIVOS DE ALMACENAMIENTO

Discos duros tradicionales (HDD)

Utilizan platos magnéticos giratorios para almacenar la información. Aunque su velocidad es inferior a la de tecnologías más recientes, ofrecen gran capacidad a un coste reducido, lo que los hace adecuados para archivos voluminosos o sistemas de respaldo.

Unidades de estado sólido (SSD)

Emplean memoria flash y no poseen partes móviles. Esto se traduce en:

- Mayor velocidad de lectura y escritura.
- Menor consumo energético.
- Funcionamiento silencioso.
- Mayor resistencia a golpes.

Por estas razones, los SSD se han convertido en el estándar para equipos modernos.

Unidades NVMe

Son una evolución de los SSD que utilizan la interfaz PCIe, lo que permite velocidades muy superiores. Resultan ideales para entornos profesionales, edición multimedia o sistemas que requieren alto rendimiento.

Almacenamiento externo

Incluye discos portátiles y memorias USB. Son especialmente útiles para transportar información o realizar copias de seguridad rápidas.

Almacenamiento en red (NAS)

Permite que varios usuarios accedan a los mismos datos desde distintos dispositivos. Es habitual en empresas donde se necesita centralizar la información.

Almacenamiento en la nube

Ofrece acceso remoto a los archivos mediante Internet. Favorece el trabajo colaborativo y reduce la dependencia del hardware físico, aunque requiere una conexión estable y políticas de seguridad adecuadas.

1.12 CARACTERÍSTICAS CLAVE A CONSIDERAR

Al seleccionar un dispositivo de almacenamiento conviene analizar varios parámetros:

- **Capacidad:** determina la cantidad de información que puede guardarse.
- **Velocidad:** afecta al tiempo de arranque y a la apertura de aplicaciones.
- **Fiabilidad:** relacionada con la vida útil del dispositivo.
- **Portabilidad:** relevante cuando se necesita movilidad.
- **Coste por gigabyte:** factor decisivo en entornos corporativos.

En la práctica, muchos sistemas combinan varias tecnologías, por ejemplo, un SSD para el sistema operativo y un HDD para almacenamiento masivo.

1.13 TENDENCIAS ACTUALES

El avance tecnológico está impulsando soluciones cada vez más rápidas y seguras. La integración del almacenamiento en la nube, el uso de cifrado automático y los sistemas redundantes reflejan la creciente preocupación por la disponibilidad y protección de los datos.

Comprender los distintos tipos de almacenamiento permite diseñar sistemas equilibrados, optimizar el rendimiento del equipo y garantizar la integridad de la información, aspectos esenciales en cualquier entorno profesional.

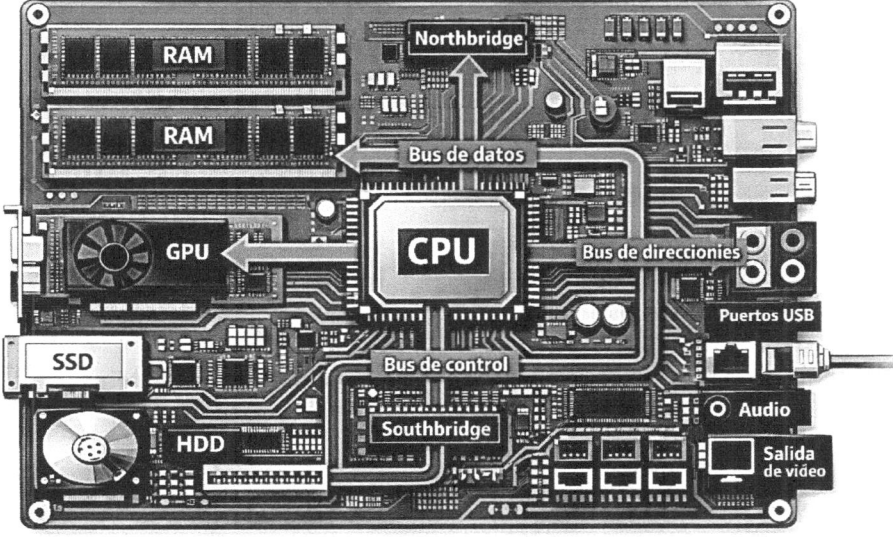

1.14 TIPOS

Existen varios tipos de buses según la información que transportan:

Bus de datos

Transfiere la información entre los componentes.

Bus de direcciones

Indica la ubicación de los datos en la memoria.

Bus de control

Coordina las operaciones del sistema mediante señales.

Cada uno cumple una función específica dentro del proceso de comunicación interna.

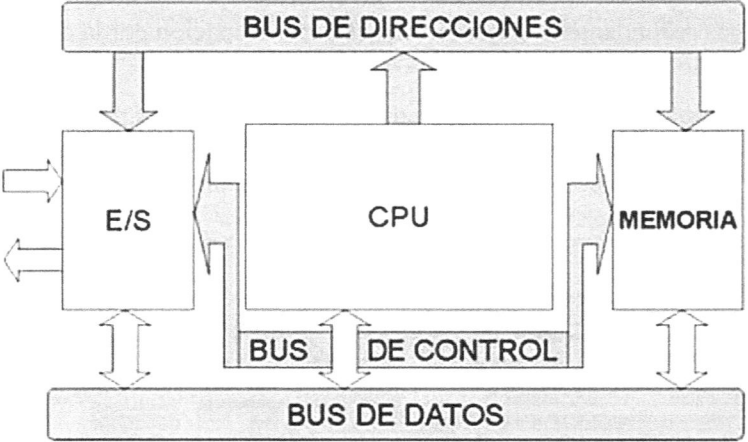

1.15 CARACTERÍSTICAS

El rendimiento de un bus depende principalmente de dos factores:

- **Anchura**, que determina cuántos bits pueden transmitirse simultáneamente.

- **Velocidad de transmisión**, que indica la rapidez con la que circula la información.

Una mayor capacidad de transferencia se traduce en un sistema más ágil y eficiente.

Los avances tecnológicos han permitido desarrollar buses cada vez más rápidos, capaces de soportar grandes volúmenes de datos.

1.16 CORRESPONDENCIA ENTRE LOS SUBSISTEMAS FÍSICOS Y LÓGICOS

Para comprender plenamente el funcionamiento de un sistema microinformático es necesario diferenciar entre componentes físicos (hardware) y componentes lógicos (software). Ambos están estrechamente relacionados y dependen mutuamente.

El hardware proporciona la estructura material del sistema, mientras que el software aporta las instrucciones necesarias para que esa estructura funcione.

Por ejemplo:

- La CPU ejecuta las instrucciones del sistema operativo.

- La memoria almacena los programas en uso.

- Los dispositivos de almacenamiento conservan los archivos.

- Los periféricos permiten la interacción con el usuario.

Esta correspondencia demuestra que el ordenador debe entenderse como un sistema integrado en el que cada elemento, físico o lógico, contribuye al procesamiento de la información.

Hardware	Software asociado	Relación funcional
CPU (Procesador)	• Sistema operativo • Aplicaciones.	Ejecuta instrucciones del software y procesa operaciones lógicas y aritméticas.
Memoria (RAM)	• Sistema operativo • Aplicaciones • Datos en uso.	Almacena temporalmente instrucciones y datos que el software necesita para funcionar con rapidez.
Disco (HDD/SSD)	• Sistema operativo • Aplicaciones • Datos.	Guarda de forma permanente el software y los archivos; permite su carga en memoria cuando se ejecutan.

ACTIVIDADES

Actividad 1. Identificación de subsistemas en un equipo real

Objetivo: reconocer los principales subsistemas de un sistema microinformático.

Desarrollo:

1. Observa un ordenador (sobremesa o portátil).

2. Identifica los siguientes elementos:

   - CPU.
   - Memoria RAM.
   - Dispositivo de almacenamiento.
   - Periféricos de entrada.
   - Periféricos de salida.

3. Elabora una tabla indicando:

   - Nombre del componente.
   - Subsistema al que pertenece.
   - Función principal.

Resultado esperado: comprender que el ordenador funciona como un sistema integrado.

Actividad 2. Análisis del flujo de información

Objetivo: interpretar el esquema funcional de un ordenador.

Desarrollo: describe qué ocurre desde que un usuario escribe un documento hasta que lo imprime.

Debe incluir:

- Entrada de datos.
- Procesamiento.
- Almacenamiento.
- Salida.

Resultado esperado: visualizar la arquitectura como un proceso coordinado.

Actividad 3. Comparativa entre memoria RAM y almacenamiento

Objetivo: diferenciar memoria interna y almacenamiento permanente.

Desarrollo: investiga las características de la memoria RAM instalada en tu equipo y compárala con el disco principal.

Elabora una tabla que incluya:

- Capacidad.
- Velocidad aproximada.
- Volatilidad.
- Función.

Pregunta de reflexión: ¿Por qué un equipo con poca RAM puede ralentizarse aunque tenga un SSD rápido?

Actividad 4. Clasificación de dispositivos de entrada y salida

Objetivo: distinguir correctamente los periféricos según su función.

Desarrollo: clasifica los siguientes dispositivos:

- Teclado.
- Monitor.
- Escáner.
- Auriculares.
- Cámara web.
- Impresora.
- Pantalla táctil.

Actividad ampliada: investiga un dispositivo que combine entrada y salida y explica su funcionamiento.

Resultado esperado: comprender la importancia de la comunicación con el exterior.

Actividad 5. Diseño de un sistema microinformático equilibrado

Objetivo: aplicar criterios técnicos en la selección de componentes.

Supuesto práctico: debes configurar un ordenador para un entorno profesional donde se utilicen aplicaciones ofimáticas, videoconferencias y almacenamiento de documentos.

Selecciona:

▼ Tipo de procesador.
▼ Cantidad de RAM.
▼ Sistema de almacenamiento.
▼ Periféricos necesarios.

Justifica cada elección.

Resultado esperado: desarrollar capacidad de toma de decisiones técnicas.

PREGUNTAS TIPO TEST

1. ¿Qué describe la arquitectura de un sistema microinformático?
   a) El diseño externo del ordenador.
   b) La organización y relación entre sus componentes.
   c) Únicamente el tipo de procesador.
   d) El sistema operativo instalado.

2. Según el modelo de Von Neumann, ¿qué característica define a la memoria del sistema?
   a) Está dividida en varias memorias independientes.
   b) Solo almacena datos.
   c) Es única y guarda datos e instrucciones.
   d) Solo funciona durante el arranque.

3. ¿Cuál de los siguientes elementos forma parte de la CPU?
   a) Monitor.
   b) Unidad aritmético-lógica (ALU).
   c) Disco duro.
   d) Impresora.

4. ¿Qué tipo de memoria pierde su contenido cuando se apaga el equipo?
   a) ROM.
   b) Caché.
   c) RAM.
   d) SSD.

5. **¿Cuál es la principal ventaja de las unidades SSD frente a los HDD?**

   a) Mayor tamaño físico.

   b) Uso de tecnología magnética.

   c) Mayor velocidad de acceso a los datos.

   d) Necesitan desfragmentación constante.

RESPUESTAS

   1. B.

   2. C.

   3. B.

   4. C.

   5. C.

2

FUNCIONES DEL SISTEMA OPERATIVO INFORMÁTICO

El sistema operativo es el componente fundamental que hace posible el funcionamiento de cualquier sistema microinformático. Actúa como un **intermediario inteligente** entre el hardware del equipo, las aplicaciones y el usuario, permitiendo que todos estos elementos se comuniquen de forma eficaz.

Cuando un ordenador se enciende, el sistema operativo es el primer software que se carga en la memoria principal. Desde ese momento, asume el control del equipo y coordina cada operación que se realiza: desde mostrar la interfaz gráfica hasta gestionar la ejecución de programas o controlar los dispositivos conectados.

Sin sistema operativo, el hardware carecería de utilidad práctica, ya que el usuario no podría interactuar con él ni ejecutar aplicaciones. Por ello, se considera la **pieza central de la arquitectura lógica del ordenador**.

En la actualidad, sistemas como **Windows 11**, diversas distribuciones **GNU/Linux** o **macOS** han evolucionado hacia plataformas altamente sofisticadas que integran seguridad avanzada, virtualización, conectividad permanente y automatización de tareas.

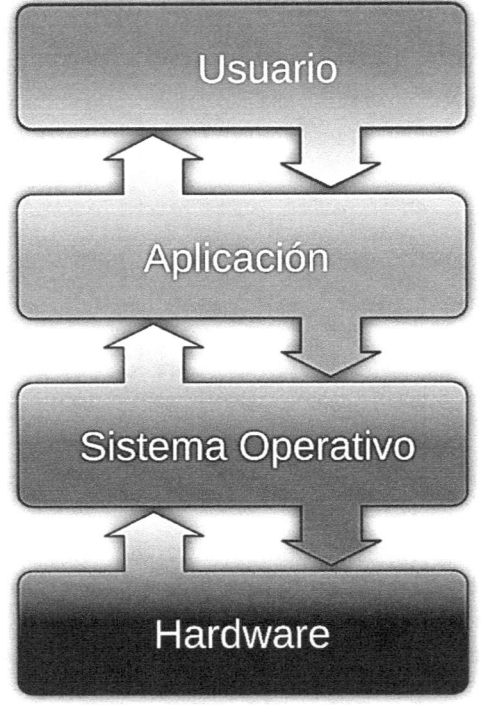

2.1 CONCEPTOS BÁSICOS

Un sistema operativo puede definirse como el **conjunto de programas responsables de controlar los recursos del ordenador y ofrecer servicios que faciliten su utilización**. Su misión principal consiste en transformar la complejidad técnica del hardware en un entorno accesible.

Entre sus funciones esenciales destacan:

▶ Coordinar el proceso de arranque del equipo.

▶ Controlar el uso del procesador.

▶ Administrar la memoria principal.

▶ Gestionar los dispositivos de entrada y salida.

▶ Organizar la información almacenada.

▶ Permitir la ejecución simultánea de programas.

▶ Garantizar la seguridad del sistema.

Además, el sistema operativo proporciona una **plataforma estable para el software**, evitando que cada aplicación tenga que comunicarse directamente con el hardware. Esto mejora la compatibilidad y reduce los errores.

Los sistemas modernos también incorporan:

- Actualizaciones automáticas.
- Protección frente a amenazas.
- Gestión de redes.
- Compatibilidad con servicios en la nube.

En entornos profesionales, comprender estas funciones permite optimizar el rendimiento del equipo y prevenir incidencias técnicas.

2.2 LOS PROCESOS

Un **proceso** es la representación activa de un programa en ejecución. Cada vez que el usuario abre una aplicación —por ejemplo, Microsoft Word o un navegador— el sistema operativo crea uno o varios procesos para gestionar su funcionamiento.

La administración de procesos es una de las tareas más complejas del sistema operativo, ya que debe garantizar que múltiples programas se ejecuten simultáneamente sin interferencias.

2.3 FUNCIONES PRINCIPALES EN LA GESTIÓN DE PROCESOS

- Creación y finalización de procesos.
- Asignación de tiempo de CPU.
- Establecimiento de prioridades.
- Comunicación entre procesos.
- Prevención de bloqueos (deadlocks).

Los sistemas operativos actuales utilizan **algoritmos de planificación** que dividen el tiempo del procesador en fracciones extremadamente pequeñas. Gracias a ello, el usuario percibe una multitarea fluida.

Una gestión ineficiente puede provocar:

- Lentitud general.
- Congelación del sistema.
- Consumo excesivo de memoria.

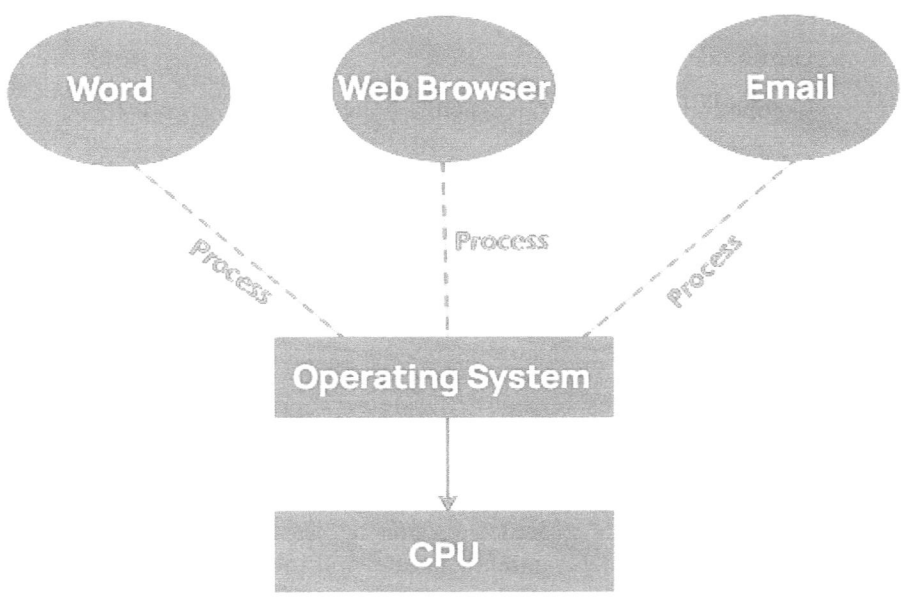

2.4 LOS ARCHIVOS

Los archivos constituyen la base de la organización de la información digital. En ellos se almacenan documentos, imágenes, programas y cualquier dato necesario para el usuario o la organización.

El sistema operativo utiliza un **sistema de archivos** para estructurar esta información, permitiendo almacenarla de forma ordenada y recuperarla con rapidez.

2.5 OPERACIONES BÁSICAS SOBRE ARCHIVOS

- Crear archivos nuevos.
- Abrir y editar contenidos.
- Guardar modificaciones.
- Copiar o mover información.
- Eliminar datos innecesarios.

Además, los archivos se organizan en carpetas o directorios formando estructuras jerárquicas que facilitan su localización.

Otro aspecto clave es la **gestión de permisos**, que permite controlar quién puede acceder a la información y qué acciones puede realizar.

Una organización eficiente aporta ventajas importantes:

- Reduce el tiempo de búsqueda.
- Mejora la productividad.
- Minimiza el riesgo de pérdida de datos.

2.6 LAS LLAMADAS AL SISTEMA

Las **llamadas al sistema** son mecanismos que permiten a las aplicaciones solicitar servicios al sistema operativo. Funcionan como un puente seguro entre el software y el hardware.

Por ejemplo, cuando un programa necesita guardar un archivo, no accede directamente al disco. En su lugar, realiza una llamada al sistema para que el sistema operativo gestione la operación.

Entre las llamadas más habituales se encuentran:

- Acceso a archivos.
- Gestión de memoria.
- Creación de procesos.
- Comunicación con dispositivos.

Este modelo aporta estabilidad, ya que evita que los programas interfieran entre sí o dañen el sistema.

2.7 EL NÚCLEO DEL SISTEMA OPERATIVO

El **núcleo**, también conocido como kernel, es la parte más importante del sistema operativo. Se encarga de las funciones críticas que permiten que el equipo funcione correctamente.

Entre sus responsabilidades principales destacan:

- Controlar el procesador.

- Gestionar la memoria.

- Administrar dispositivos.

- Coordinar procesos.

- Garantizar la seguridad básica.

El kernel permanece activo en memoria mientras el equipo está encendido, actuando como el centro de control del sistema.

Existen diferentes tipos de núcleos:

- **Monolíticos:** integran la mayoría de funciones en un único bloque.

- **Microkernel:** delegan parte de los servicios para mejorar la estabilidad.

- **Híbridos:** combinan ambos enfoques.

2.8 EL INTÉRPRETE DE COMANDOS

El intérprete de comandos es el componente que permite al usuario comunicarse con el sistema operativo mediante instrucciones.

Tradicionalmente, esta comunicación se realizaba mediante texto en una **línea de comandos**, donde el usuario debía introducir órdenes específicas.

Aunque hoy predominan las interfaces gráficas, la línea de comandos sigue siendo esencial en tareas técnicas y administrativas, ya que permite un mayor control del sistema.

Ejemplos habituales en Windows incluyen:

- Dir → muestra archivos.

- Copy → copia documentos.

- Ipconfig → consulta la configuración de red.

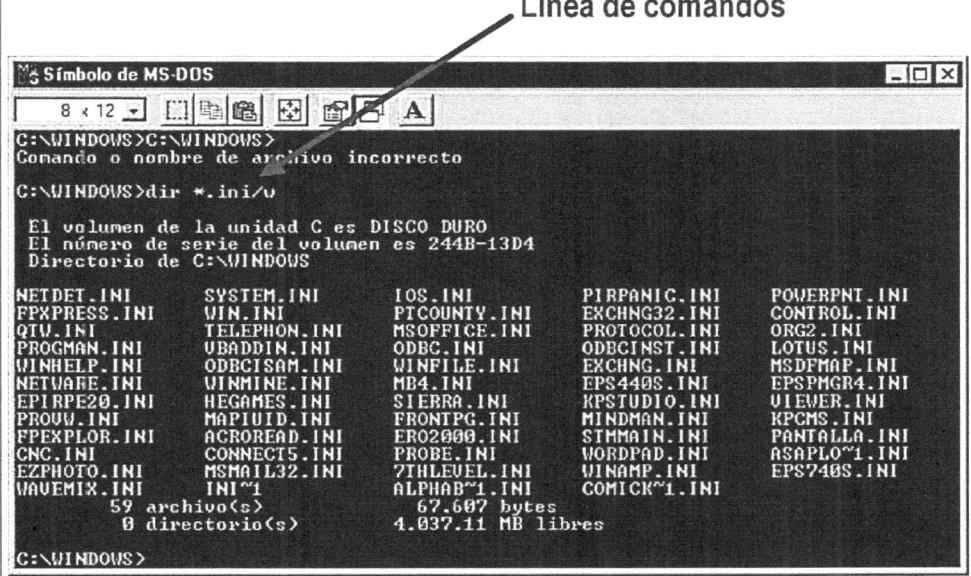

2.9 FUNCIONES GENERALES DEL SISTEMA OPERATIVO

El sistema operativo desarrolla un conjunto de funciones esenciales que garantizan la estabilidad, el rendimiento y la eficiencia de cualquier equipo informático. Estas funciones permiten que el hardware, las aplicaciones y el usuario trabajen de manera coordinada dentro de un entorno seguro.

Comprender estas funciones resulta especialmente importante en contextos profesionales, donde la continuidad del trabajo depende en gran medida del correcto funcionamiento del sistema.

2.10 GESTIÓN DE RECURSOS

La gestión de recursos consiste en administrar de forma eficiente los elementos físicos del ordenador para evitar conflictos y garantizar un rendimiento óptimo.

Entre los recursos principales que controla el sistema operativo se encuentran:

- Procesador.
- Memoria principal.
- Dispositivos periféricos.
- Unidades de almacenamiento.

Gracias a esta administración, es posible ejecutar varias aplicaciones simultáneamente sin que el sistema se vuelva inestable. El sistema operativo asigna prioridades, distribuye la carga de trabajo y supervisa el consumo de recursos.

Una gestión eficiente permite:

- Mejorar la velocidad del sistema.
- Evitar bloqueos.
- Reducir el desgaste del hardware.
- Optimizar el consumo energético.

2.11 ADMINISTRACIÓN DE ARCHIVOS

La administración de archivos garantiza que la información se almacene de manera estructurada y segura. El sistema operativo organiza los datos en carpetas y subcarpetas, creando una estructura jerárquica que facilita su localización.

Además de las operaciones básicas —crear, copiar, mover o eliminar archivos— los sistemas actuales incorporan funciones avanzadas como:

- Indexación para búsquedas rápidas.
- Compresión de archivos.
- Sincronización con la nube.
- Copias de seguridad automáticas.
- Recuperación de versiones anteriores.

Una organización adecuada de la información no solo mejora la productividad, sino que también reduce el riesgo de pérdida de datos.

2.12 ADMINISTRACIÓN DE TAREAS

La administración de tareas permite supervisar los programas en ejecución y controlar cómo utilizan los recursos del sistema. Esta función es clave para mantener la estabilidad del equipo, especialmente cuando se trabaja con múltiples aplicaciones.

El sistema operativo puede:

- Suspender procesos innecesarios.

- Reasignar recursos automáticamente.

- Finalizar aplicaciones bloqueadas.

- Priorizar tareas críticas.

Estas capacidades ayudan a prevenir caídas del sistema y garantizan un entorno de trabajo más fiable.

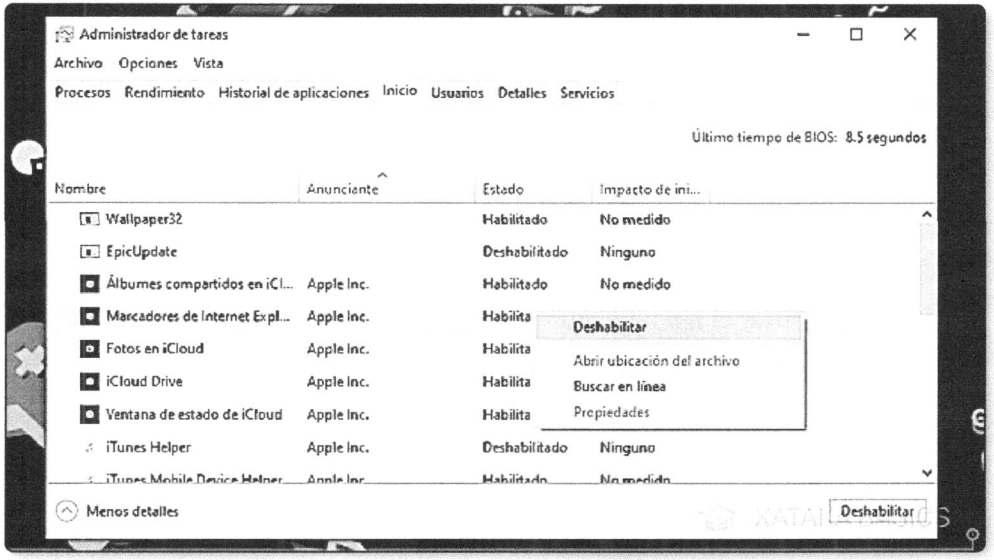

2.13 SERVICIO DE SOPORTE

Los sistemas operativos modernos integran herramientas destinadas al mantenimiento y protección del equipo. Este conjunto de utilidades recibe el nombre de servicio de soporte.

Entre las más relevantes destacan:

- Sistemas de ayuda integrados.

- Diagnóstico automático de errores.

- Actualizaciones periódicas.

- Protección frente a malware.

- Restauración del sistema.

Estas funciones permiten mantener el equipo actualizado, corregir vulnerabilidades y prolongar su vida útil.

2.14 IMPORTANCIA DEL SISTEMA OPERATIVO EN EL ENTORNO PROFESIONAL

El conocimiento de las funciones del sistema operativo no solo tiene valor teórico, sino también práctico. Permite comprender cómo funciona el ordenador, anticipar problemas y utilizar el equipo con mayor eficiencia.

Dominar estas funciones ayuda a:

- Trabajar con mayor autonomía.

- Detectar problemas técnicos con rapidez.

- Optimizar el rendimiento.

- Garantizar la seguridad de la información.

En organizaciones donde la tecnología es un recurso crítico, comprender el funcionamiento del sistema operativo mejora la productividad y reduce los riesgos operativos.

En definitiva, el sistema operativo constituye el **pilar fundamental del entorno informático**, y su dominio es una competencia clave dentro de la alfabetización digital actual.

ACTIVIDADES

Actividad 1. Identificación de funciones del sistema operativo

Objetivo: reconocer las funciones principales del sistema operativo en un entorno real.

Desarrollo:

1. Accede a un ordenador con Windows, Linux o macOS.

2. Identifica acciones que correspondan a estas funciones:
   - Gestión de procesos.
   - Administración de archivos.
   - Interfaz de usuario.
   - Gestión de recursos.

3. Elabora una tabla indicando:
   - Acción realizada.
   - Función del sistema operativo asociada.
   - Resultado obtenido.

Resultado esperado: comprender que el sistema operativo interviene en prácticamente todas las tareas del equipo.

Actividad 2. Observación de procesos en ejecución

Objetivo: entender el concepto de proceso y multitarea.

Desarrollo:

1. Abre el **Administrador de tareas** (Ctrl + Shift + Esc).

2. Observa cuántos procesos están activos.

3. Identifica cuáles pertenecen al sistema y cuáles a aplicaciones abiertas.

Pregunta de reflexión: ¿Por qué el sistema puede ejecutar múltiples programas sin que el usuario perciba interrupciones?

Resultado esperado: interpretar cómo el sistema operativo distribuye el tiempo de CPU.

Actividad 3. Organización eficiente de archivos

Objetivo: aplicar buenas prácticas en la administración de la información.

Desarrollo:

1. Crea una estructura de carpetas para organizar documentos personales o académicos.

2. Incluye al menos tres niveles jerárquicos.

3. Copia archivos, renómbralos y elimina aquellos innecesarios.

Resultado esperado: valorar la importancia de una estructura ordenada para mejorar la productividad.

Actividad 4. Uso básico del intérprete de comandos

Objetivo: familiarizarse con la comunicación textual con el sistema operativo.

Desarrollo:

1. Abre la consola de comandos.

2. Ejecuta las siguientes instrucciones:
   - Dir → visualizar archivos.
   - Ipconfig → consultar la configuración de red.

3. Anota qué información proporciona cada comando.

Resultado esperado: comprender que la línea de comandos ofrece mayor control del sistema.

Actividad 5. Análisis del kernel y la gestión de recursos

Objetivo: entender la importancia del núcleo del sistema operativo.

Desarrollo: investiga qué ocurre cuando el sistema se queda sin memoria disponible.

Responde:

▶ ¿Cómo actúa el sistema operativo?

▶ ¿Por qué puede ralentizarse el equipo?

▶ ¿Qué medidas ayudarían a evitar esta situación?

Resultado esperado: relacionar estabilidad del sistema con la gestión eficiente de recursos.

PREGUNTAS TIPO TEST

1. ¿Cuál es la función principal del sistema operativo?
   a) Aumentar la velocidad del procesador.
   b) Actuar como intermediario entre el hardware, las aplicaciones y el usuario.
   c) Sustituir la memoria RAM.
   d) Controlar únicamente los dispositivos de entrada.

2. ¿Qué ocurre cuando se enciende un ordenador?
   a) Se ejecuta primero el navegador.
   b) El hardware funciona sin software.
   c) El sistema operativo se carga en la memoria y toma el control del equipo.
   d) Se activa automáticamente la impresora.

3. ¿Qué es un proceso en un sistema operativo?
   a) Un archivo almacenado en el disco.
   b) Una copia de seguridad automática.
   c) La representación activa de un programa en ejecución.
   d) Un componente físico del ordenador.

4. ¿Cuál de las siguientes NO es una función de la gestión de procesos?
   a) Asignar tiempo de CPU.
   b) Establecer prioridades.
   c) Controlar la temperatura del monitor.
   d) Prevenir bloqueos.

5. **¿Qué función cumplen las llamadas al sistema?**

a) Permiten que el usuario apague el ordenador.

b) Facilitan la comunicación segura entre las aplicaciones y el hardware.

c) Sustituyen al kernel.

d) Eliminan archivos automáticamente.

RESPUESTAS

1. B.

2. C.

3. C.

4. C.

5. B.

3

ELEMENTOS DE UN SISTEMA OPERATIVO INFORMÁTICO

El sistema operativo es una estructura compleja compuesta por diversos elementos que trabajan de forma coordinada para garantizar el correcto funcionamiento del ordenador. Cada uno de estos componentes cumple una función específica y resulta imprescindible para que los programas se ejecuten con estabilidad, los datos se gestionen adecuadamente y los recursos del sistema se utilicen de manera eficiente.

Desde una perspectiva técnica, estos elementos forman la base sobre la que se construye toda la experiencia informática del usuario. Aunque muchas de sus operaciones se realizan de forma invisible, su correcta integración permite que el sistema responda con rapidez, mantenga la seguridad de la información y facilite el uso de aplicaciones.

Los principales elementos que conforman un sistema operativo son la gestión de procesos, la gestión de memoria, el sistema de entrada y salida, el sistema de archivos y el sistema de protección. Comprender su funcionamiento ayuda a interpretar cómo opera un equipo informático y permite adoptar buenas prácticas en su utilización.

[Usuario / Aplicaciones]

Sistema Operativo

| Procesos | Memoria | Archivos | E/S | Protéccíon |

[Hardware]

CPU • RAM • Disco • Dispositivos

3.1 GESTIÓN DE PROCESOS

La gestión de procesos es uno de los pilares fundamentales del sistema operativo. Un proceso es un programa en ejecución que necesita recursos del sistema para funcionar, como tiempo de procesador, memoria o acceso a dispositivos.

El sistema operativo debe coordinar todos los procesos activos para evitar conflictos y garantizar que cada uno disponga de los recursos necesarios en el momento oportuno.

Entre las funciones principales de la gestión de procesos destacan:

- Crear y finalizar procesos.

- Asignar tiempo de CPU mediante algoritmos de planificación.

- Establecer prioridades entre tareas.

- Permitir la ejecución simultánea de múltiples programas.

- Evitar bloqueos o situaciones de espera permanente.

Los sistemas actuales utilizan técnicas de **multitarea**, que permiten ejecutar varias aplicaciones aparentemente al mismo tiempo. Esto se logra dividiendo el tiempo del procesador en intervalos muy breves y asignándolos a distintos procesos.

Además, el sistema operativo debe gestionar la comunicación entre procesos, especialmente cuando comparten información. Esta coordinación es esencial para evitar errores y pérdidas de datos.

Una gestión ineficiente puede provocar ralentizaciones, cierres inesperados de programas o incluso la inestabilidad del sistema.

3.2 GESTIÓN DE MEMORIA

La memoria principal es un recurso limitado que debe distribuirse cuidadosamente entre los procesos activos. La gestión de memoria es el mecanismo que permite asignar, controlar y liberar este recurso para optimizar el rendimiento del sistema.

Cuando un programa se ejecuta, necesita cargarse en la memoria RAM. El sistema operativo decide cuánto espacio asignar y supervisa que no interfiera con otras aplicaciones.

Entre las funciones más relevantes de la gestión de memoria se encuentran:

- Asignación dinámica de memoria a los procesos.

- Liberación del espacio cuando el programa finaliza.

- Protección de áreas de memoria para evitar accesos indebidos.

- Uso de memoria virtual para ampliar la capacidad disponible.

La **memoria virtual** es una técnica especialmente importante. Permite utilizar parte del disco duro como si fuera memoria adicional, lo que hace posible ejecutar programas que requieren más espacio del disponible físicamente. Aunque este proceso es más lento que el acceso a la RAM, resulta fundamental para mantener la operatividad del sistema.

Los sistemas modernos también implementan mecanismos de optimización, como la paginación o la segmentación, que mejoran la organización de la memoria.

Una adecuada gestión de memoria contribuye a que el ordenador funcione con fluidez y evita fallos críticos.

3.3 EL SISTEMA DE ENTRADA Y SALIDA

El sistema de entrada y salida —conocido como sistema de E/S— es el encargado de coordinar la comunicación entre el ordenador y los dispositivos periféricos. Gracias a este sistema, el usuario puede introducir datos y recibir información procesada.

Los dispositivos de entrada incluyen elementos como el teclado, el ratón, el escáner o la cámara. Los de salida abarcan la pantalla, la impresora o los altavoces. También existen dispositivos mixtos, como las pantallas táctiles o las unidades de almacenamiento externas.

El sistema operativo gestiona estos dispositivos mediante **controladores** o drivers, que actúan como traductores entre el hardware y el software. Sin ellos, el sistema no podría reconocer ni utilizar los periféricos.

Las principales funciones del sistema de entrada y salida son:

- Detectar dispositivos conectados al equipo.
- Controlar el flujo de datos.
- Gestionar colas de impresión u operaciones de lectura y escritura.
- Optimizar la velocidad de transferencia.
- Manejar interrupciones generadas por los dispositivos.

Además, el sistema operativo suele ofrecer herramientas para instalar, actualizar o solucionar problemas relacionados con los controladores.

Un sistema de E/S eficiente mejora la experiencia del usuario y reduce los tiempos de espera en operaciones como la impresión o la copia de archivos.

3.4 SISTEMA DE ARCHIVOS

El sistema de archivos es el componente responsable de organizar la información almacenada en los dispositivos de memoria permanente, como discos duros o unidades SSD.

Su función principal es estructurar los datos de forma lógica para que puedan localizarse y utilizarse con rapidez.

Entre las tareas que realiza el sistema de archivos destacan:

- Crear y organizar archivos y carpetas.
- Asignar espacio de almacenamiento.
- Controlar permisos de acceso.
- Garantizar la integridad de los datos.
- Facilitar operaciones de copia, traslado o eliminación.

Los sistemas operativos emplean distintos formatos de archivo, como NTFS, FAT32 o ext4, cada uno con características específicas en términos de seguridad, rendimiento o compatibilidad.

Una correcta organización del sistema de archivos permite mejorar la productividad y minimizar el riesgo de pérdida de información.

Además, muchos sistemas incorporan herramientas de verificación que detectan errores en el disco y ayudan a prevenir fallos mayores.

3.5 SISTEMA DE PROTECCIÓN

El sistema de protección tiene como finalidad salvaguardar la información y garantizar que los recursos del sistema se utilicen de manera segura. En un entorno donde múltiples usuarios o aplicaciones pueden acceder al mismo equipo, la seguridad se convierte en un aspecto crítico.

Este sistema establece mecanismos para evitar accesos no autorizados y proteger los datos frente a amenazas internas o externas.

Entre sus funciones principales se encuentran:

- Autenticación de usuarios mediante contraseñas o métodos biométricos.
- Control de permisos sobre archivos y aplicaciones.
- Aislamiento de procesos para evitar interferencias.
- Protección frente a software malicioso.
- Registro de actividades del sistema.

Los sistemas operativos modernos incorporan capas de seguridad adicionales, como cifrado de datos, cortafuegos integrados o arranque seguro. Estas medidas contribuyen a crear entornos informáticos más fiables.

El factor humano también desempeña un papel decisivo. El uso de contraseñas robustas, la actualización periódica del sistema y la instalación de software confiable son prácticas esenciales para mantener la protección.

3.6 IMPORTANCIA DE LOS ELEMENTOS DEL SISTEMA OPERATIVO

Los elementos descritos no funcionan de manera aislada; forman un sistema interdependiente donde cada componente influye en el rendimiento global del equipo. La gestión de procesos depende de la memoria, el sistema de archivos necesita protección y el sistema de entrada y salida interactúa constantemente con los demás módulos.

Comprender esta estructura permite interpretar mejor el comportamiento del ordenador, diagnosticar problemas básicos y utilizar los recursos de forma más eficiente.

En entornos profesionales, este conocimiento adquiere aún mayor relevancia, ya que contribuye a mantener la continuidad operativa, proteger la información y optimizar el uso de la tecnología.

En definitiva, los elementos del sistema operativo constituyen la base invisible que hace posible el funcionamiento fiable de cualquier sistema microinformático.

3.7 SISTEMA DE COMUNICACIONES

El sistema de comunicaciones es el conjunto de mecanismos que permiten al sistema operativo intercambiar información tanto dentro del propio equipo como con otros dispositivos conectados a una red. Gracias a este sistema, los ordenadores pueden compartir datos, acceder a servicios remotos, comunicarse con servidores y participar en entornos colaborativos.

En el ámbito interno, el sistema de comunicaciones facilita la interacción entre procesos que se ejecutan simultáneamente. Esta comunicación puede producirse mediante distintos métodos, como colas de mensajes, memoria compartida o señales del sistema. Estas técnicas garantizan que las aplicaciones puedan coordinarse sin interferencias ni pérdidas de información.

En el ámbito externo, el sistema operativo integra protocolos de red que hacen posible la conexión a Internet o a redes locales. Protocolos como TCP/IP permiten dividir la información en paquetes, enviarla al destino correcto y reconstruirla posteriormente.

Entre las funciones principales del sistema de comunicaciones destacan:

- Gestionar el envío y la recepción de datos.
- Controlar la conexión con redes locales y remotas.
- Administrar puertos y direcciones de red.
- Garantizar la integridad de la información transmitida.
- Detectar errores durante la comunicación.

En los sistemas modernos, este componente también incorpora medidas de seguridad, como el cifrado de datos o el uso de conexiones seguras, que protegen la información frente a accesos no autorizados.

Comprender el funcionamiento del sistema de comunicaciones resulta esencial en entornos profesionales donde la conectividad es un requisito básico para la actividad diaria.

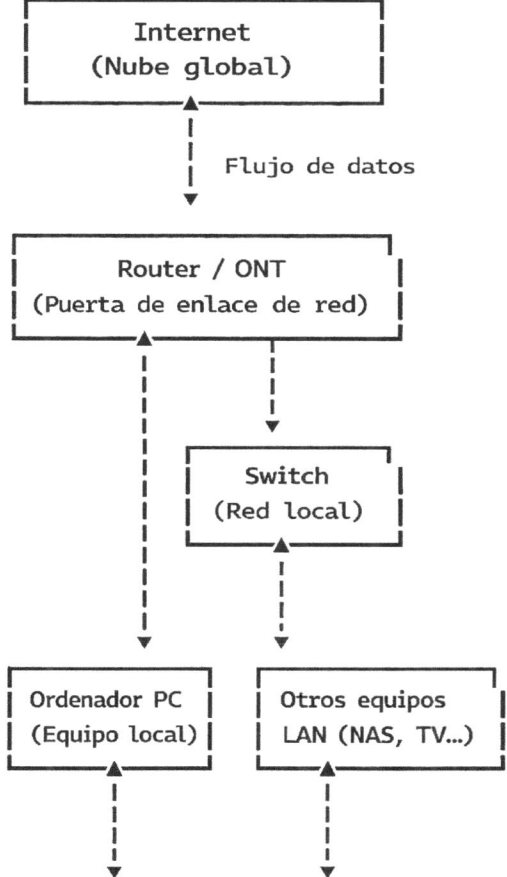

3.8 SISTEMA DE INTERPRETACIÓN DE ÓRDENES

El sistema de interpretación de órdenes es el componente del sistema operativo encargado de traducir las instrucciones del usuario a un lenguaje que el ordenador pueda ejecutar. Actúa como intermediario entre la persona usuaria y el núcleo del sistema.

Cada vez que se introduce una orden —ya sea mediante teclado, ratón o interfaz gráfica— este sistema la analiza, comprueba su validez y la envía al módulo correspondiente para su ejecución.

Sus funciones principales son:

▼ Interpretar comandos introducidos por el usuario.

▼ Verificar que la instrucción sea correcta.

▼ Activar los procesos necesarios para cumplir la orden.

▼ Mostrar mensajes de error cuando la instrucción no es válida.

Este sistema puede adoptar distintas formas, desde interfaces basadas en texto hasta entornos gráficos intuitivos. Independientemente de su formato, su objetivo es facilitar la interacción con el ordenador y permitir el control de sus funciones.

Una interpretación eficaz de órdenes mejora la productividad, reduce errores y permite aprovechar mejor las capacidades del sistema operativo.

3.9 LÍNEA DE COMANDO

La línea de comando —también denominada interfaz de línea de comandos o CLI (Command Line Interface) — es un entorno de interacción basado en texto que permite al usuario comunicarse directamente con el sistema operativo mediante órdenes escritas.

Aunque pueda parecer una tecnología antigua, sigue siendo una herramienta muy potente y utilizada en ámbitos técnicos y profesionales debido a su precisión y rapidez.

Para trabajar en la línea de comando es necesario conocer los comandos disponibles y su sintaxis. Una instrucción mal escrita puede impedir la ejecución de la tarea, lo que exige mayor atención por parte del usuario.

Entre sus ventajas destacan:

▼ Permite ejecutar tareas complejas con rapidez.

▼ Consume pocos recursos del sistema.

▼ Facilita la automatización mediante scripts.

▼ Ofrece un control muy detallado del sistema.

Sin embargo, también presenta algunas limitaciones, como una curva de aprendizaje más pronunciada o la necesidad de memorizar comandos.

Ejemplos habituales de entornos de línea de comando son el **Símbolo del sistema** y **PowerShell** en Windows, o la **Terminal** en sistemas Linux y macOS.

En muchos casos, los profesionales de la informática combinan el uso de la línea de comando con interfaces gráficas para aprovechar lo mejor de ambos entornos.

```
C:\Users\jdoe echo "Hello, world!"
Hello. werid!

C:\Users\jdoe dir
Oxlune soflluc<t has a label,
Oxlune Serial Number 16 1244.5678

Directory of C:\Users\jdoe
56.64.20  60   <DTR>      DTR
56.64.20  04   <DTR>
56.64.20  64              04            document.txt
56.64.20  10              0    3,456 k photh.jpg
54.64.20  12       79     788   760 b script.psl

C:\users\jdoe ping example.com
Clading example.com 191.144,21641 with 92 bytes of data
Geply from 93,244-216;24> bytos<22 time>13ms TTL<56
Geply. from 93,164-256;24> bytos<22 time>13ms TTL<56
Reply from 93;164-216;24> byto<<22 time>13ms TTL<56
sing statistion for #5,101,246,21.
     Packets. Senl,> > Received + A, Lost > 0 (6% loss
Approximate round trip tines im miill exconds.
    O111Hum > 11ms. BAeTHum > 18be. Averade > 11ms
```

3.10 INTERFAZ GRÁFICA

La interfaz gráfica de usuario —conocida como GUI (Graphical User Interface) — es el entorno visual que permite interactuar con el ordenador mediante elementos gráficos como ventanas, iconos, menús y botones.

Este tipo de interfaz revolucionó el uso de los sistemas informáticos al hacerlos más accesibles para personas sin conocimientos técnicos avanzados.

Entre sus características principales se encuentran:

▼ Uso de elementos visuales intuitivos.

▼ Navegación mediante ratón o pantalla táctil.

▼ Organización del trabajo en ventanas.

▼ Representación gráfica de archivos y carpetas.

Gracias a la interfaz gráfica, tareas que antes requerían comandos complejos —como copiar archivos o instalar programas— pueden realizarse mediante acciones sencillas como arrastrar y soltar.

Además, los entornos gráficos actuales priorizan la experiencia de usuario, incorporando diseños claros, asistentes de configuración y opciones de accesibilidad.

No obstante, la interfaz gráfica suele consumir más recursos que la línea de comandos, por lo que el sistema operativo debe gestionar adecuadamente la memoria y el procesador para mantener la fluidez.

La combinación de potencia técnica y facilidad de uso convierte a la interfaz gráfica en el medio de interacción más extendido en la actualidad.

3.11 PROGRAMAS DEL SISTEMA

Los programas del sistema son aplicaciones diseñadas para apoyar el funcionamiento del sistema operativo y facilitar la administración del equipo. A diferencia de los programas de usuario —como los procesadores de texto—, estos cumplen funciones relacionadas con el mantenimiento, la configuración y la optimización del sistema.

Algunos de los programas del sistema más habituales son:

- Gestores de archivos.
- Herramientas de copia de seguridad.
- Utilidades de diagnóstico.
- Desfragmentadores u optimizadores de disco.
- Administradores de tareas.
- Actualizadores del sistema.

Estos programas ayudan a detectar errores, mejorar el rendimiento y proteger la información. Por ejemplo, una herramienta de copia de seguridad permite recuperar datos en caso de fallo del sistema, mientras que un administrador de tareas facilita identificar aplicaciones que consumen demasiados recursos.

Muchos de estos programas se ejecutan en segundo plano sin que el usuario lo perciba, garantizando así la estabilidad del entorno informático.

El conocimiento básico de estas herramientas permite actuar con rapidez ante incidencias y mantener el equipo en condiciones óptimas de funcionamiento.

Aplicaciones de arranque	Ejecutar nueva tarea	✓ Habilitar	⊘ Deshabilitar	•••
			Último tiempo de BIOS: 3.2 segundos	

Nombre	Anunciante	Estado	Impacto de ini...
Intel® Graphics Command...	INTEL CORP	Deshabilitado	Ninguno
Lenovo Hotkeys	LENOVO INC	Habilitado	No medido
Microsoft 365 Copilot	Microsoft Corporation	Deshabilitado	Ninguno
Microsoft Teams	Microsoft	Habilitado	No medido
msedge		Habilitado	No medido
ms-teams		Habilitado	No medido
OneDrive		Habilitado	No medido
People	Microsoft Corporation	Deshabilitado	Ninguno
Power Automate Desktop	Microsoft Corporation	Deshabilitado	Ninguno

ACTIVIDADES

Actividad 1. Análisis de la gestión de procesos

Objetivo: comprender cómo el sistema operativo administra la ejecución de programas.

Desarrollo:

1. Abre varias aplicaciones al mismo tiempo (navegador, editor de texto, reproductor multimedia).

2. Accede al **Administrador de tareas**.

3. Observa el consumo de CPU y memoria de cada proceso.

Reflexión: ¿Qué ocurre cuando una aplicación consume demasiados recursos?

Resultado esperado: entender la importancia de la planificación de procesos para mantener la estabilidad.

Actividad 2. Observación del uso de la memoria

Objetivo: identificar cómo se distribuye la memoria RAM.

Desarrollo:

1. Con varias aplicaciones abiertas, revisa el apartado de memoria en el Administrador de tareas.

2. Cierra un programa y observa el cambio en el consumo.

Resultado esperado: relacionar la gestión de memoria con el rendimiento del equipo.

Actividad 3. Organización del sistema de archivos

Objetivo: aplicar criterios de orden y seguridad en el almacenamiento.

Desarrollo:

1. Crea una estructura de carpetas con tres niveles jerárquicos.

2. Guarda distintos archivos en cada carpeta.

3. Modifica permisos (si el sistema lo permite) o protege un archivo con contraseña.

Resultado esperado: comprender cómo el sistema de archivos facilita la localización y protege la información.

Actividad 4. Identificación de dispositivos de entrada y salida

Objetivo: analizar el funcionamiento del sistema de E/S.

Desarrollo:

1. Conecta un periférico al equipo (por ejemplo, una memoria USB o unos auriculares).

2. Comprueba si el sistema lo reconoce automáticamente.

3. Busca el controlador instalado.

Reflexión: ¿Qué ocurriría si el dispositivo no tuviera driver?

Resultado esperado: valorar el papel del sistema operativo en la comunicación con el hardware.

Actividad 5. Comparativa entre línea de comandos e interfaz gráfica

Objetivo: diferenciar los dos principales sistemas de interacción.

Desarrollo:

1. Crea una carpeta desde la interfaz gráfica.

2. Crea otra utilizando la línea de comandos (mkdir).

3. Compara dificultad, rapidez y precisión.

Resultado esperado: entender que ambos entornos son complementarios.

PREGUNTAS TIPO TEST

1. **¿Qué elemento del sistema operativo se encarga de asignar tiempo de CPU a los programas?**
   a) Sistema de archivos.
   b) Gestión de procesos.
   c) Interfaz gráfica.
   d) Sistema de protección.

2. **¿Cuál es la función principal de la gestión de memoria?**
   a) Aumentar la velocidad de Internet.
   b) Distribuir y controlar el uso de la memoria RAM.
   c) Instalar periféricos automáticamente.
   d) Organizar carpetas.

3. **¿Qué componente permite organizar la información en archivos y directorios?**
   a) Kernel.
   b) Sistema de comunicaciones.
   c) Sistema de archivos.
   d) Línea de comandos.

4. **¿Qué papel cumplen los controladores o drivers?**
   a) Mejorar el diseño de la interfaz.
   b) Traducir la comunicación entre hardware y sistema operativo.
   c) Eliminar virus.
   d) Gestionar la memoria virtual.

5. **¿Cuál de las siguientes es una función del sistema de protección?**
   a) Aumentar la capacidad del disco.
   b) Evitar accesos no autorizados.
   c) Ejecutar programas automáticamente.
   d) Optimizar la velocidad del monitor.

6. ¿Qué técnica permite usar parte del disco como si fuera memoria adicional?

a) Segmentación gráfica.

b) Multitarea.

c) Memoria virtual.

d) Desfragmentación.

7. ¿Qué sistema permite al ordenador intercambiar datos con otros equipos?

a) Sistema de archivos.

b) Sistema de comunicaciones.

c) Gestión de procesos.

d) BIOS.

8. ¿Cuál es la principal ventaja de la línea de comandos?

a) Mayor consumo de recursos.

b) Permite ejecutar órdenes precisas y automatizar tareas.

c) Sustituye al sistema operativo.

d) Solo sirve para navegar por Internet.

9. ¿Qué caracteriza a la interfaz gráfica?

a) Uso exclusivo de comandos escritos.

b) Interacción mediante ventanas, iconos y menús.

c) Menor facilidad de uso.

d) Ausencia de elementos visuales.

10. ¿Cuál es la función de los programas del sistema?

a) Sustituir al hardware.

b) Facilitar el mantenimiento y la administración del equipo.

c) Ejecutar únicamente videojuegos

d) Incrementar la memoria RAM físicamente.

RESPUESTAS

1. B.

2. B.

3. C.

4. B.

5. B.

6. C.

7. B.

8. B.

9. B.

10. B.

4

SISTEMAS OPERATIVOS INFORMÁTICOS ACTUALES

Los sistemas operativos constituyen el núcleo funcional de cualquier equipo informático. Sin ellos, el hardware carecería de utilidad práctica, ya que no existiría un entorno que permitiera ejecutar programas, gestionar recursos o facilitar la interacción con la persona usuaria.

En la actualidad, los sistemas operativos han evolucionado hasta convertirse en plataformas complejas capaces de adaptarse a múltiples dispositivos —ordenadores personales, servidores, teléfonos móviles, tablets o sistemas embebidos— y a distintos contextos de uso, desde el ámbito doméstico hasta entornos empresariales críticos.

Un sistema operativo moderno debe ser estable, seguro, eficiente y fácil de utilizar. Además, debe garantizar la compatibilidad con aplicaciones, ofrecer actualizaciones periódicas y responder a las crecientes demandas de conectividad y protección de datos.

4.1 CLASIFICACIÓN DE LOS SISTEMAS OPERATIVOS

Los sistemas operativos pueden clasificarse atendiendo a distintos criterios, como el número de usuarios que soportan, la capacidad de ejecutar tareas simultáneas o el tipo de dispositivo para el que han sido diseñados.

Una primera clasificación distingue entre:

Sistemas operativos monousuario

Están diseñados para ser utilizados por una única persona a la vez. Aunque permiten ejecutar varias aplicaciones simultáneamente, el control del sistema recae en un solo usuario.

Sistemas operativos multiusuario

Permiten que varios usuarios accedan al sistema de forma simultánea, ya sea desde terminales diferentes o mediante conexiones remotas. Son habituales en servidores y entornos corporativos.

Otra clasificación relevante es la siguiente:

Sistemas monotarea

Solo pueden ejecutar una tarea en cada momento. Hoy en día son poco frecuentes, aunque todavía se emplean en dispositivos muy específicos.

Sistemas multitarea

Permiten ejecutar varios procesos al mismo tiempo, optimizando el uso del procesador. Son los más extendidos en la informática moderna.

También pueden clasificarse según su ámbito de aplicación:

- Sistemas para ordenadores personales.
- Sistemas para servidores.
- Sistemas móviles.
- Sistemas embebidos (integrados en maquinaria o dispositivos electrónicos).

Comprender estas clasificaciones ayuda a seleccionar el sistema más adecuado según las necesidades de uso.

4.2 SOFTWARE LIBRE

El concepto de software libre hace referencia a programas cuyo código fuente está disponible para que cualquier persona pueda estudiarlo, modificarlo y redistribuirlo. Este modelo promueve la colaboración, la transparencia y el desarrollo tecnológico compartido.

No debe confundirse "software libre" con "software gratuito". Aunque muchos programas libres pueden descargarse sin coste, su rasgo distintivo es la libertad de uso y modificación.

Las libertades fundamentales del software libre son:

- Usar el programa con cualquier propósito.
- Estudiar cómo funciona.
- Modificarlo para adaptarlo a necesidades propias.
- Distribuir copias.
- Mejorar el programa y compartir esas mejoras.

Uno de los ejemplos más representativos es **Linux**, un sistema operativo ampliamente utilizado en servidores, superordenadores y entornos profesionales.

El software libre aporta ventajas importantes, como la independencia de proveedores, la posibilidad de auditoría del código y una gran capacidad de personalización. Sin embargo, en algunos contextos puede requerir conocimientos técnicos más avanzados para su administración.

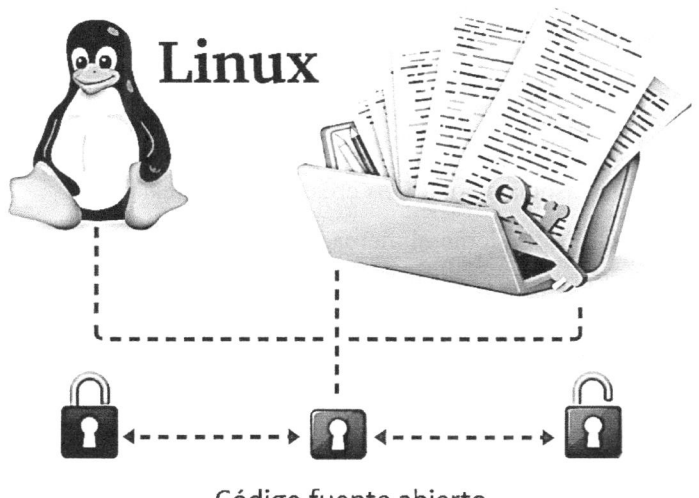

Código fuente abierto

4.3 CARACTERÍSTICAS Y UTILIZACIÓN

Los sistemas operativos actuales comparten una serie de características que los hacen aptos para responder a las necesidades tecnológicas contemporáneas.

Entre las más destacadas se encuentran:

- **Seguridad**
  Incorporan mecanismos de autenticación, cifrado y control de accesos que protegen la información frente a amenazas.

- **Estabilidad**
  Están diseñados para funcionar durante largos periodos sin interrupciones ni fallos críticos.

- **Interfaz intuitiva**
  Ofrecen entornos gráficos que facilitan el aprendizaje y la productividad.

- **Compatibilidad**
  Permiten ejecutar una amplia variedad de aplicaciones y controladores de hardware.

- **Actualizaciones periódicas**
  Los fabricantes publican mejoras de seguridad y rendimiento para mantener el sistema al día.

En cuanto a su utilización, cada sistema operativo suele destacar en determinados ámbitos:

- **Windows** domina el entorno empresarial y doméstico.

- **Linux** es muy utilizado en servidores y entornos técnicos.

- **macOS** se asocia a contextos creativos y profesionales.

- **Android** y **iOS** lideran el mercado móvil.

Elegir uno u otro depende de factores como el uso previsto, la compatibilidad necesaria o el nivel de conocimientos del usuario.

Sistema Operativo	Ámbito principal de uso	Ejemplos típicos
Windows	Uso general, oficina, productividad, gaming.	PCs domésticos, empresas, videojuegos, ofimática.
Linux	Servidores, desarrollo, computación científica.	Hosting, ciberseguridad, DevOps, supercomputación.
macOS	Creatividad, diseño, entorno profesional Apple.	Diseño gráfico, edición de vídeo, ecosistema Mac.
Android	Dispositivos móviles, apps, movilidad.	Smartphones, tablets, dispositivos IoT.
iOS	Movilidad premium, apps optimizadas.	iPhone, iPad, entorno Apple móvil.

4.4 DIFERENCIAS ENTRE SISTEMAS OPERATIVOS

Aunque todos los sistemas operativos comparten funciones básicas, existen diferencias relevantes que influyen en la experiencia de uso.

- **Modelo de licencia**
  Algunos sistemas son propietarios, mientras que otros son de código abierto.

- **Nivel de personalización**
  Los sistemas abiertos suelen permitir mayor adaptación.

- **Facilidad de uso**
  Algunos priorizan la sencillez, mientras que otros ofrecen mayor control técnico.

- **Seguridad**
  Depende tanto del diseño del sistema como de su correcta configuración.

- **Compatibilidad de software**
  No todos los programas funcionan en todos los sistemas.

Estas diferencias explican por qué no existe un sistema operativo universalmente superior: la elección debe basarse en las necesidades concretas de cada entorno.

Aspecto	Software Propietario	Software Libre
Acceso al código fuente	Código cerrado, no visible para el usuario.	Código abierto, accesible para todos.
Licencia	Restrictiva, limita uso y distribución.	Permite usar, estudiar, modificar y distribuir.
Control	Lo tiene el fabricante.	Lo tiene el usuario y la comunidad.
Modificación del software	No permitida.	Totalmente permitida.
Actualizaciones	Controladas por la empresa.	Gestionadas por la comunidad o el usuario.
Transparencia	Baja, no se puede auditar el código.	Alta, el código es auditable.
Coste	Generalmente de pago.	Generalmente gratuito.
Soporte	Oficial, profesional.	Comunitario (a veces oficial).
Ejemplos	Windows, macOS, Office, Photoshop.	Linux, Firefox, LibreOffice, GIMP.
Ventajas principales	Soporte oficial, integración comercial, facilidad de uso.	Seguridad, personalización, libertad, transparencia.
Limitaciones	Dependencia del proveedor, coste, poca flexibilidad.	Curva de aprendizaje, soporte variable.

Software Propietario vs Software Libre

4.5 VERSIONES Y DISTRIBUCIONES

Los sistemas operativos evolucionan constantemente mediante versiones que incorporan mejoras tecnológicas, nuevas funciones y parches de seguridad.

Cada versión representa un paso adelante en términos de rendimiento, compatibilidad y protección frente a amenazas.

En el caso del software propietario, las versiones suelen estar controladas por una única empresa desarrolladora. Por ejemplo, los sistemas Windows han evolucionado desde versiones tempranas hasta las actuales, caracterizadas por una mayor integración con servicios en la nube y mejores medidas de seguridad.

En los sistemas basados en Linux se habla habitualmente de **distribuciones**, que son variantes del sistema adaptadas a distintos perfiles de usuario. Algunas están orientadas a principiantes, mientras que otras se diseñan para entornos profesionales o de alto rendimiento.

Actualizar el sistema operativo es una práctica fundamental para mantener la seguridad y garantizar el correcto funcionamiento del equipo.

ACTIVIDADES

Actividad 1. Identificación del sistema operativo del equipo

Objetivo: reconocer el sistema operativo instalado y analizar sus características.

Desarrollo:

1. Accede a la configuración del equipo y localiza la información del sistema.

2. Anota:

   - Nombre del sistema operativo.
   - Versión instalada.
   - Tipo de dispositivo (PC, portátil, móvil, etc.).

3. Describe dos características que lo hagan adecuado para su uso.

Resultado esperado: comprender que cada sistema operativo está diseñado para responder a necesidades específicas.

Actividad 2. Clasificación de sistemas operativos

Objetivo: diferenciar los distintos tipos de sistemas operativos.

Desarrollo: clasifica los siguientes ejemplos indicando si son monousuario o multiusuario, y si son multitarea:

- Windows.
- Linux.
- Android.
- IOS.

Pregunta de reflexión: ¿Por qué los sistemas multitarea son imprescindibles en la informática actual?

Resultado esperado: entender los criterios básicos de clasificación.

Actividad 3. Comparativa entre software libre y propietario

Objetivo: analizar ventajas y limitaciones de ambos modelos.

Desarrollo: elabora una tabla comparativa que incluya:

- Acceso al código.
- Coste.
- Nivel de personalización.
- Soporte.
- Seguridad.

Resultado esperado: desarrollar criterio técnico para la toma de decisiones.

Actividad 4. Análisis de necesidades de uso

Objetivo: seleccionar el sistema operativo más adecuado según el contexto.

Supuesto práctico: una empresa de diseño gráfico necesita equipos para edición de vídeo y tratamiento de imágenes.

Responde:

- ¿Qué sistema operativo recomendarías?
- ¿Por qué?
- ¿Qué características son prioritarias?

Resultado esperado: relacionar funcionalidades del sistema con el entorno profesional.

Actividad 5. Importancia de las actualizaciones

Objetivo: comprender el papel de las versiones del sistema operativo.

Desarrollo:

1. Comprueba si tu equipo tiene actualizaciones pendientes.

2. Investiga qué mejoras incluyen (seguridad, rendimiento, nuevas funciones).

Resultado esperado: valorar las actualizaciones como una medida esencial de protección.

PREGUNTAS TIPO TEST

1. ¿Cuál es una característica esencial de un sistema operativo moderno?
   a) Ejecutar solo una aplicación.
   b) Carecer de medidas de seguridad.
   c) Ser estable, seguro y eficiente.
   d) Funcionar sin actualizaciones.

2. ¿Qué distingue principalmente al software libre?
   a) Siempre es de pago.
   b) Su código fuente puede estudiarse y modificarse.
   c) Solo puede usarse en servidores.
   d) No permite redistribución.

3. ¿Qué tipo de sistema operativo permite el acceso simultáneo de varios usuarios?
   a) Monotarea.
   b) Multiusuario.
   c) Monousuario.
   d) Embebido.

4. ¿Cuál de los siguientes sistemas operativos se utiliza con frecuencia en servidores?
   a) Linux.
   b) iOS.
   c) Android.
   d) Ninguno.

5. ¿Por qué es importante actualizar el sistema operativo?
   a) Para reducir la capacidad del equipo.
   b) Para evitar el uso de aplicaciones.
   c) Para mejorar la seguridad y el rendimiento.
   d) Para eliminar el sistema de archivos.

RESPUESTAS

1. C.

2. B.

3. B.

4. A.

5. C.

5

INSTALACIÓN Y CONFIGURACIÓN DE SISTEMAS OPERATIVOS INFORMÁTICOS (WINDOWS 11)

La instalación del sistema operativo es uno de los procesos más importantes en la puesta en marcha de un equipo informático. De su correcta ejecución dependerán la estabilidad del sistema, el rendimiento del hardware y la seguridad de la información. En entornos profesionales, una instalación adecuada reduce incidencias, facilita el mantenimiento y prolonga la vida útil de los equipos.

Este apartado se centra en **Windows 11**, uno de los sistemas operativos más extendidos en la actualidad tanto en entornos domésticos como corporativos. Su instalación presenta ciertas particularidades técnicas —especialmente relacionadas con los requisitos de seguridad— que es imprescindible conocer antes de iniciar el proceso.

Instalar un sistema operativo no consiste únicamente en copiar archivos en el disco; implica preparar el hardware, organizar el almacenamiento, definir parámetros básicos y garantizar que el equipo pueda arrancar correctamente.

5.1 REQUISITOS PARA LA INSTALACIÓN. COMPATIBILIDAD HARDWARE Y SOFTWARE

Antes de instalar Windows 11 es imprescindible comprobar que el equipo cumple los requisitos mínimos establecidos por el fabricante. Esta verificación evita errores durante la instalación y asegura un funcionamiento fluido.

Los principales requisitos de Windows 11 son:

- Procesador compatible de 64 bits con al menos dos núcleos.
- 4 GB de memoria RAM como mínimo (recomendable 8 GB o más).
- 64 GB de almacenamiento disponible.
- Firmware **UEFI** con arranque seguro (Secure Boot).
- Módulo **TPM 2.0** (Trusted Platform Module).
- Tarjeta gráfica compatible con DirectX 12.
- Pantalla de alta definición.

El requisito del TPM representa una de las grandes novedades respecto a versiones anteriores, ya que refuerza la seguridad mediante funciones de cifrado y protección de credenciales.

Además del hardware, también debe considerarse la compatibilidad del software. Es recomendable verificar que los programas críticos para la organización funcionen correctamente en Windows 11.

¿Cómo chequeo el hardware de mi PC?

Abre la ventana de Ejecutar con el comando Control + R o escribiendo ejecutar en el buscador de Windows. Una vez nos aparezca la ventana, solo tendremos que escribir en ella «msinfo32» y pulsar aceptar o enter. Hecho esto nos aparecerá en pantalla una nueva ventana con toda la información de nuestro hardware. Otra opción es con la herramienta que Microsoft proporciona **PC Health Check**, que permiten analizar automáticamente si el equipo es apto para la instalación.

Realizar esta comprobación previa evita pérdidas de tiempo y posibles problemas operativos.

5.2 FASES DE INSTALACIÓN

La instalación de Windows 11 sigue un proceso guiado mediante un asistente que facilita la configuración incluso a usuarios con poca experiencia técnica. No obstante, comprender cada fase permite tomar decisiones más acertadas.

1. Preparación del medio de instalación

El sistema suele instalarse desde una memoria USB creada con la herramienta oficial **Media Creation Tool**. Este dispositivo debe configurarse como unidad de arranque.

2. Inicio del equipo desde el medio de instalación

Al encender el ordenador, se accede al menú de arranque para seleccionar la unidad USB.

3. Configuración inicial

El asistente solicita datos como idioma, formato de hora y tipo de teclado.

4. Introducción de la clave de producto

Puede introducirse durante la instalación o posteriormente si se dispone de licencia digital.

5. Selección del tipo de instalación

Existen dos opciones principales:

- **Actualización:** conserva archivos y aplicaciones.
- **Instalación limpia:** elimina los datos previos y ofrece un sistema más estable.

En entornos profesionales se recomienda la instalación limpia para evitar conflictos heredados.

6. Selección del disco y particiones

Se elige la unidad donde se instalará el sistema operativo.

7. Copia de archivos y reinicios automáticos

El sistema completa la instalación sin intervención adicional.

8. Configuración inicial del usuario

Incluye conexión a red, cuenta Microsoft (o cuenta local) y ajustes de privacidad.

Comprender estas fases ayuda a anticipar decisiones importantes y reduce el riesgo de errores.

5.3 CONFIGURACIÓN DEL DISPOSITIVO DE ARRANQUE EN LA BIOS/UEFI

Para que el ordenador pueda iniciar la instalación, es necesario indicar desde qué dispositivo debe arrancar. Esta configuración se realiza en el firmware del equipo, conocido tradicionalmente como BIOS y actualmente sustituido en la mayoría de los equipos por **UEFI**.

El acceso suele realizarse pulsando una tecla específica al encender el equipo (como F2, F10, ESC o SUPR).

Dentro del menú de configuración se debe:

▶ Localizar el apartado **Boot** o arranque.

▶ Establecer la memoria USB como primera opción.

▶ Guardar los cambios antes de salir.

El uso de UEFI aporta ventajas como mayor velocidad de arranque, mejor compatibilidad con discos modernos y funciones avanzadas de seguridad como Secure Boot.

Una configuración incorrecta del arranque puede impedir la instalación, por lo que este paso debe realizarse con atención.

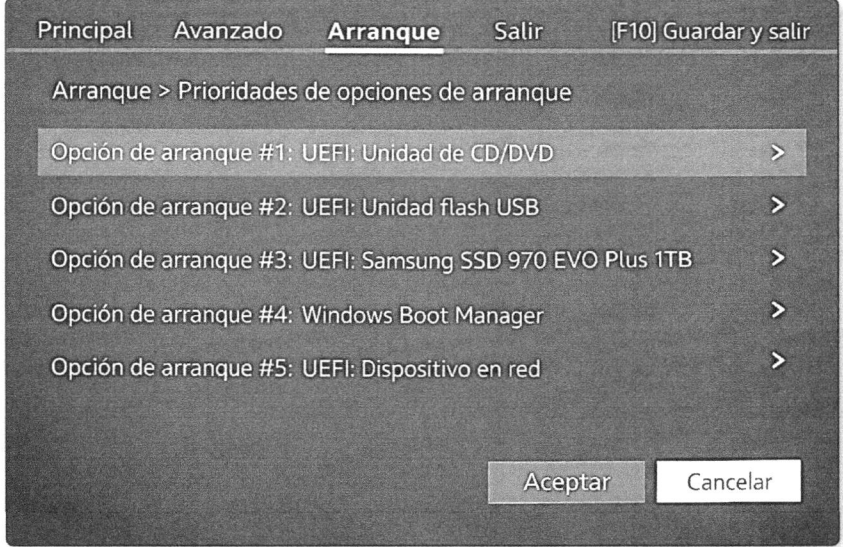

5.4 FORMATEADO DE DISCOS

El formateo es el proceso mediante el cual se prepara un disco para almacenar información. Consiste en crear una estructura lógica que permita al sistema operativo organizar los datos.

Durante la instalación de Windows 11, el asistente permite formatear las unidades antes de copiar los archivos.

Existen dos tipos principales:

Formateo rápido

Elimina la tabla de archivos sin revisar el disco. Es más veloz, pero no detecta errores físicos.

Formateo completo

Analiza el disco en busca de sectores defectuosos, ofreciendo mayor fiabilidad.

El sistema de archivos más utilizado en Windows 11 es **NTFS**, que proporciona:

- Mayor seguridad mediante permisos.
- Soporte para archivos de gran tamaño.
- Mejor recuperación ante fallos.

Es importante recordar que el formateo elimina toda la información existente, por lo que debe realizarse una copia de seguridad previa.

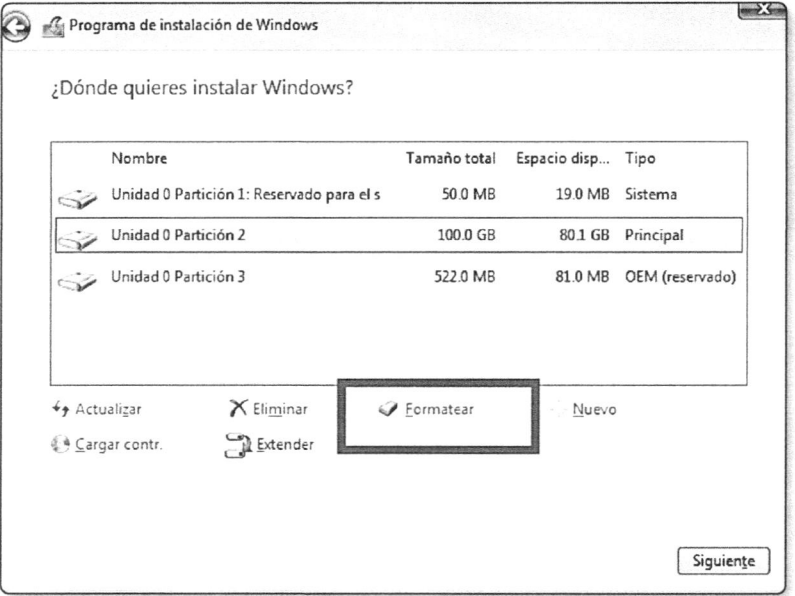

5.5 PARTICIONADO DE DISCOS

El particionado consiste en dividir un disco físico en varias unidades lógicas independientes. Cada partición funciona como si fuera un disco separado, lo que facilita la organización y protección de los datos.

Windows 11 crea automáticamente algunas particiones necesarias para el funcionamiento del sistema, como:

- Partición del sistema EFI.
- Partición reservada.
- Partición principal donde se instala Windows.
- Partición de recuperación.

No obstante, el usuario puede crear particiones adicionales según sus necesidades. Por ejemplo:

- Una partición para el sistema operativo.
- Otra para documentos y archivos personales.

Esta separación mejora la seguridad, ya que permite reinstalar el sistema sin afectar a los datos almacenados en otras particiones.

Además, facilita la realización de copias de seguridad y optimiza la gestión del almacenamiento.

Antes de modificar particiones es recomendable planificar el espacio necesario, especialmente en entornos profesionales donde el crecimiento de datos puede ser significativo.

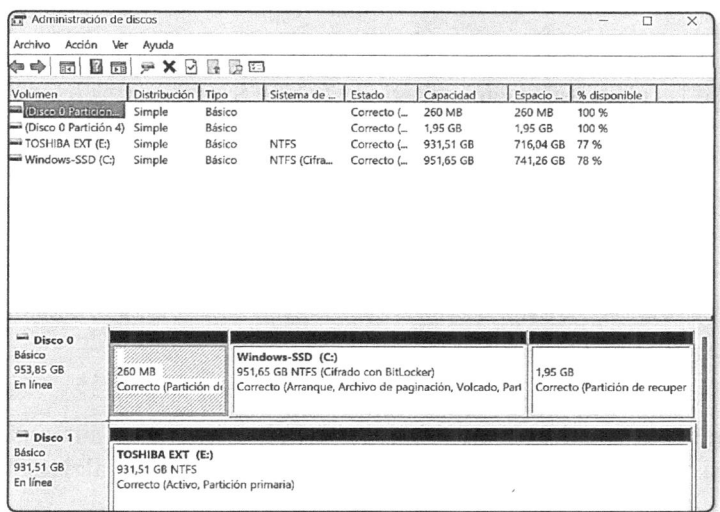

5.6 IMPORTANCIA DE UNA INSTALACIÓN CORRECTA

Una instalación adecuada de Windows 11 constituye la base de un entorno informático estable, seguro y eficiente. Preparar el hardware, configurar correctamente el arranque y organizar el almacenamiento son tareas que influyen directamente en el rendimiento del equipo.

En el ámbito profesional, estas prácticas no solo mejoran la productividad, sino que también reducen riesgos operativos y facilitan el mantenimiento posterior.

Dominar el proceso de instalación permite al usuario actuar con autonomía, resolver incidencias básicas y garantizar que el sistema esté preparado para afrontar las exigencias tecnológicas actuales.

5.7 CREACIÓN DEL SISTEMA DE FICHEROS

La creación del sistema de ficheros es un paso esencial dentro del proceso de instalación de un sistema operativo, ya que define la forma en que se almacenarán, organizarán y recuperarán los datos en el dispositivo de almacenamiento. En el caso de **Windows 11**, el sistema de archivos utilizado por defecto es **NTFS (New Technology File System)**, reconocido por su fiabilidad, seguridad y eficiencia en la gestión de grandes volúmenes de información.

El sistema de ficheros actúa como una estructura lógica que permite al sistema operativo localizar rápidamente los datos sin que el usuario tenga que preocuparse por su ubicación física en el disco. Sin esta organización, el almacenamiento sería caótico y el acceso a la información resultaría extremadamente lento.

Entre las principales características de NTFS destacan:

- ⊳ Permite establecer permisos de acceso a archivos y carpetas.
- ⊳ Ofrece soporte para cifrado de datos.
- ⊳ Facilita la compresión de archivos para ahorrar espacio.
- ⊳ Reduce el riesgo de pérdida de información ante fallos del sistema.
- ⊳ Admite archivos de gran tamaño.

Durante la instalación de Windows 11, el sistema crea automáticamente la estructura básica del sistema de archivos en la partición principal. No obstante, tras la instalación es recomendable organizar la información siguiendo una estructura clara de carpetas, por ejemplo:

- Documentos profesionales.
- Recursos compartidos.
- Copias de seguridad.
- Aplicaciones específicas.

Una organización lógica mejora la productividad y facilita el mantenimiento del equipo.

También es importante considerar prácticas como la desfragmentación (en discos HDD) o la optimización automática (en unidades SSD), que contribuyen a mantener el rendimiento del almacenamiento.

5.8 CONFIGURACIÓN DEL SISTEMA OPERATIVO Y DE LOS DISPOSITIVOS

Una vez finalizada la instalación de Windows 11, es necesario realizar una configuración inicial que permita adaptar el sistema al entorno de trabajo y garantizar un funcionamiento óptimo desde el primer momento.

Esta configuración abarca tanto aspectos internos del sistema como la correcta detección de los dispositivos conectados al equipo.

Entre las tareas más importantes se encuentran:

Configuración inicial del sistema

Incluye la selección del idioma, la zona horaria, el formato regional y las preferencias de accesibilidad. Estos parámetros influyen directamente en la experiencia de uso.

Creación de cuentas de usuario

Windows 11 permite trabajar con cuentas locales o cuentas Microsoft. En entornos profesionales, es habitual asignar distintos niveles de permisos para reforzar la seguridad.

Actualización del sistema

Tras la instalación, es imprescindible ejecutar **Windows Update** para descargar parches de seguridad y mejoras de estabilidad.

Instalación de controladores (drivers)

Los controladores permiten que el sistema operativo se comunique correctamente con el hardware. Aunque Windows 11 reconoce la mayoría de dispositivos automáticamente, en algunos casos será necesario instalar drivers específicos para tarjetas gráficas, impresoras o adaptadores de red.

Configuración de red

La conexión a Internet o a una red corporativa es fundamental para acceder a servicios, compartir recursos y mantener el sistema actualizado.

Ajustes de seguridad

Se recomienda activar herramientas como:

- Firewall de Windows.
- Antivirus integrado (Microsoft Defender).
- Cifrado de disco mediante BitLocker cuando el hardware lo permita.

Una configuración adecuada desde el inicio reduce vulnerabilidades y mejora el rendimiento general del equipo.

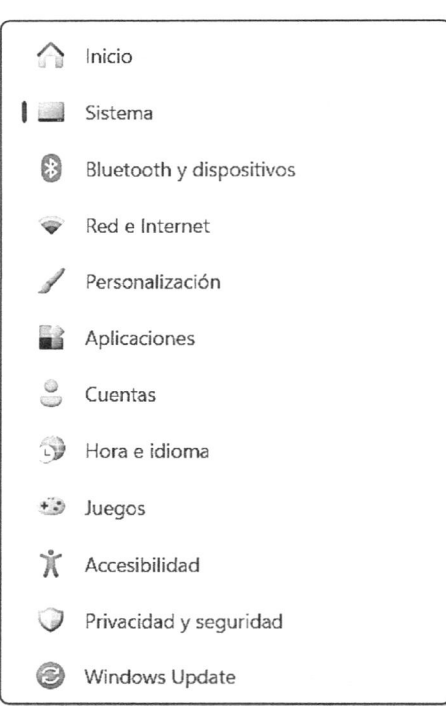

5.9 INSTALACIÓN Y CONFIGURACIÓN DE UTILIDADES Y APLICACIONES

Tras preparar el sistema operativo, el siguiente paso consiste en instalar las aplicaciones necesarias para el desempeño de las tareas habituales. Un sistema recién instalado ofrece funcionalidades básicas, pero requiere software adicional para adaptarse a las necesidades profesionales o personales.

La instalación de programas en Windows 11 puede realizarse desde distintas fuentes:

- Microsoft Store.
- Sitios web oficiales de los fabricantes.
- Plataformas corporativas de distribución de software.

Es fundamental descargar aplicaciones únicamente desde fuentes confiables para evitar riesgos de seguridad.

Entre las utilidades más habituales tras la instalación se encuentran:

Herramientas ofimáticas

Procesadores de texto, hojas de cálculo y programas de presentación, imprescindibles en la mayoría de entornos laborales.

Navegadores web

Permiten acceder a servicios en línea y aplicaciones basadas en la nube.

Software de seguridad

Aunque Windows incluye protección integrada, algunas organizaciones optan por soluciones adicionales.

Herramientas de compresión y gestión de archivos

Facilitan el intercambio de información.

Aplicaciones de comunicación y colaboración

Especialmente importantes en contextos de trabajo remoto o híbrido.

Después de instalar las aplicaciones, es recomendable revisar su configuración para optimizar el rendimiento y evitar que consuman recursos innecesarios al iniciarse automáticamente.

También conviene mantener todos los programas actualizados, ya que las nuevas versiones corrigen errores y mejoran la seguridad.

Una correcta planificación del software evita la sobrecarga del sistema y contribuye a crear un entorno de trabajo eficiente.

5.10 IMPORTANCIA DE LA CONFIGURACIÓN POSTERIOR A LA INSTALACIÓN

La instalación del sistema operativo no debe considerarse el final del proceso, sino el inicio de la vida operativa del equipo. La creación del sistema de archivos, la correcta configuración del entorno y la instalación de aplicaciones determinan la funcionalidad real del ordenador.

En entornos profesionales, estas tareas forman parte de los procedimientos estándar de despliegue tecnológico y garantizan que los equipos estén preparados para responder a las exigencias del trabajo diario.

Un sistema bien configurado es sinónimo de mayor seguridad, mejor rendimiento y menor probabilidad de incidencias.

ACTIVIDADES

Actividad 1. Verificación de requisitos para instalar Windows 11

Objetivo: comprobar la compatibilidad de un equipo antes de la instalación.

Desarrollo:

1. Abre la herramienta **Información del sistema** (msinfo32).
2. Identifica los siguientes elementos:
   - Procesador.
   - Memoria RAM.
   - Capacidad de almacenamiento.
   - Tipo de firmware (UEFI/BIOS).
3. Determina si el equipo cumple los requisitos mínimos de Windows 11.

Resultado esperado: comprender la importancia de la verificación previa para evitar errores de instalación.

Actividad 2. Preparación de un medio de instalación

Objetivo: conocer el proceso necesario para iniciar la instalación del sistema operativo.

Desarrollo:

1. Investiga qué es la herramienta **Media Creation Tool**.

2. Describe los pasos para crear una memoria USB de arranque.

3. Explica por qué el USB debe configurarse como primer dispositivo de arranque.

Resultado esperado: entender la fase inicial del proceso de instalación.

Actividad 3. Diferenciación entre instalación limpia y actualización

Objetivo: analizar qué tipo de instalación es más adecuada según el contexto.

Desarrollo: elabora una tabla comparativa que incluya:

- Conservación de archivos.
- Nivel de estabilidad.
- Riesgo de conflictos.
- Tiempo de instalación.

Pregunta de reflexión: ¿Por qué en entornos profesionales suele recomendarse la instalación limpia?

Resultado esperado: desarrollar criterio técnico en la toma de decisiones.

Actividad 4. Planificación del particionado del disco

Objetivo: comprender la utilidad de dividir el almacenamiento.

Desarrollo: imagina que dispones de un disco de 1 TB.

Diseña una propuesta de particiones que incluya:

- Sistema operativo.
- Documentos.
- Copias de seguridad.

Justifica el tamaño asignado a cada una.

Resultado esperado: valorar el particionado como medida de organización y seguridad.

Actividad 5. Configuración inicial tras la instalación

Objetivo: identificar las tareas necesarias para dejar el sistema listo para su uso.

Desarrollo: enumera las acciones que deberían realizarse inmediatamente después de instalar Windows 11:

- ▶ Actualizaciones.
- ▶ Instalación de drivers.
- ▶ Configuración de red.
- ▶ Ajustes de seguridad.

Resultado esperado: comprender que la instalación es solo el inicio del ciclo operativo del equipo.

PREGUNTAS TIPO TEST

1. **¿Cuál es uno de los requisitos de seguridad más importantes para instalar Windows 11?**
   a) Tener un monitor de gran tamaño.
   b) Disponer de TPM 2.0.
   c) Usar únicamente discos HDD.
   d) Contar con una impresora conectada.

2. **¿Qué tipo de instalación elimina los datos previos y ofrece un sistema más estable?**
   a) Instalación automática.
   b) Actualización.
   c) Instalación limpia.
   d) Instalación remota.

3. **¿Qué función cumple el formateo de un disco?**
   a) Aumentar la velocidad de Internet.
   b) Preparar el disco creando una estructura para almacenar datos.
   c) Instalar controladores automáticamente.
   d) Reducir la memoria RAM.

4. **¿Cuál es el sistema de archivos utilizado por defecto en Windows 11?**

   a) FAT16.

   b) exFAT.

   c) NTFS.

   d) ext4.

5. **¿Por qué es importante instalar los controladores (drivers) tras la instalación del sistema?**

   a) Para cambiar el sistema operativo.

   b) Para permitir la correcta comunicación entre hardware y software.

   c) Para eliminar particiones.

   d) Para formatear el disco automáticamente.

RESPUESTAS

    1. B.

    2. C.

    3. B.

    4. C.

    5. B.

6

TIPOS DE INSTALACIÓN

La instalación de un sistema operativo puede realizarse siguiendo distintos enfoques, en función de las necesidades del usuario, del tipo de equipo y del entorno en el que se vaya a utilizar. Elegir correctamente el tipo de instalación es una decisión estratégica que influye directamente en el rendimiento del sistema, la seguridad, la facilidad de mantenimiento y el aprovechamiento de los recursos hardware.

En el caso de **Windows 11**, el asistente de instalación permite adoptar diferentes modalidades que se adaptan tanto a equipos domésticos como a infraestructuras empresariales. Comprender estas opciones ayuda a evitar configuraciones innecesarias y permite crear entornos informáticos más eficientes.

Antes de iniciar cualquier instalación, es recomendable analizar factores como:

- Finalidad del equipo (uso personal, educativo o profesional).
- Capacidad del hardware disponible.
- Nivel de personalización requerido.
- Necesidades de seguridad.
- Posibilidad de ampliación futura.

Cada modalidad de instalación responde a escenarios distintos, por lo que no existe una opción universalmente mejor; la elección dependerá siempre del contexto.

6.1 INSTALACIONES MÍNIMAS

La instalación mínima consiste en desplegar únicamente los componentes esenciales del sistema operativo, evitando la incorporación de aplicaciones o funciones adicionales que no resulten imprescindibles.

Este tipo de instalación tiene como objetivo principal reducir el consumo de recursos y maximizar el rendimiento del equipo, algo especialmente útil en ordenadores con hardware limitado o destinados a tareas muy específicas.

Entre sus principales características destacan:

- Menor uso de espacio en disco.
- Arranque más rápido.
- Menor consumo de memoria RAM.
- Reducción de procesos en segundo plano.
- Superficie de ataque más pequeña frente a amenazas de seguridad.

Las instalaciones mínimas son habituales en:

- Equipos antiguos que deben seguir operativos.
- Ordenadores destinados a tareas concretas (terminales de consulta, equipos de control, puntos de venta).
- Entornos de laboratorio o pruebas.
- Sistemas virtualizados.

No obstante, esta modalidad presenta algunas limitaciones. Es posible que el usuario deba instalar posteriormente determinadas funcionalidades o aplicaciones necesarias para el trabajo diario.

Por ello, aunque ofrece gran eficiencia, requiere una planificación adecuada para evitar interrupciones operativas.

6.2 INSTALACIONES ESTÁNDARES

La instalación estándar es la más habitual y está pensada para cubrir las necesidades de la mayoría de los usuarios sin requerir configuraciones complejas. Incluye los componentes principales del sistema operativo junto con un conjunto equilibrado de herramientas y servicios.

Windows 11, cuando se instala siguiendo las opciones predeterminadas, realiza precisamente este tipo de instalación.

Sus ventajas principales son:

- Preparación inmediata para el uso cotidiano.
- Compatibilidad con la mayoría de dispositivos.
- Experiencia de usuario completa.
- Menor necesidad de intervención técnica posterior.

Este modelo resulta adecuado para:

- Equipos de oficina.
- Ordenadores personales.
- Entornos educativos.
- Pequeñas empresas.

La instalación estándar busca el equilibrio entre rendimiento y funcionalidad, evitando tanto la sobrecarga de software como la falta de herramientas básicas.

Sin embargo, puede incluir aplicaciones que no siempre se utilizan. En entornos corporativos es frecuente que los departamentos de TI eliminen posteriormente aquellos elementos innecesarios para optimizar el sistema.

6.3 INSTALACIONES PERSONALIZADAS

La instalación personalizada ofrece el mayor nivel de control sobre el sistema operativo. Permite al usuario o al administrador decidir qué componentes instalar, cómo organizar el almacenamiento y qué configuraciones aplicar desde el primer momento.

Esta modalidad es especialmente relevante en entornos profesionales donde cada equipo debe ajustarse a políticas tecnológicas específicas.

Entre las opciones que pueden configurarse destacan:

- Creación y distribución de particiones.
- Selección de funcionalidades del sistema.
- Integración en dominios corporativos.
- Configuración avanzada de seguridad.
- Instalación de controladores específicos.
- Eliminación de aplicaciones preinstaladas.

Las instalaciones personalizadas son habituales en:

- Grandes organizaciones.
- Servidores.
- Equipos con funciones críticas.
- Infraestructuras educativas o tecnológicas.

Aunque requiere mayores conocimientos técnicos, sus beneficios son significativos:

- Mejor adaptación al entorno de trabajo.
- Mayor control sobre la seguridad.
- Optimización del rendimiento.
- Reducción de software innecesario.

En muchos casos, las empresas utilizan **imágenes del sistema** previamente configuradas para desplegar instalaciones personalizadas de forma rápida en múltiples equipos.

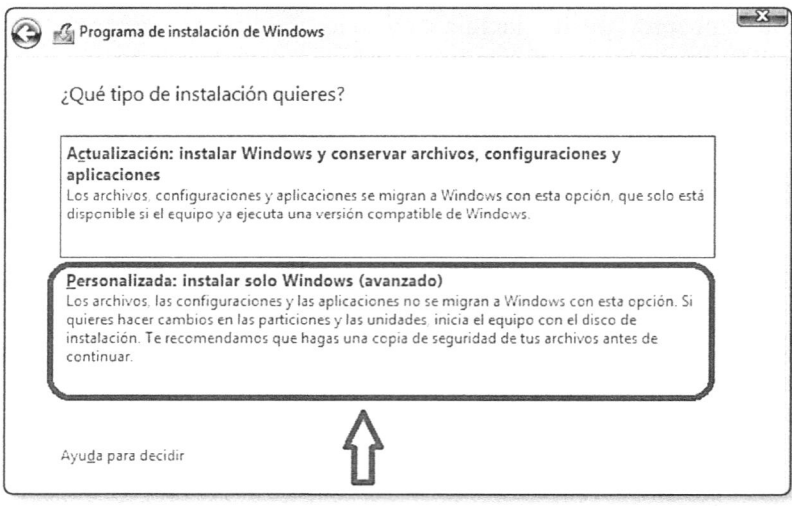

6.4 INSTALACIONES ATENDIDAS O DESATENDIDAS

La diferencia entre instalaciones atendidas y desatendidas radica principalmente en el grado de intervención humana durante el proceso.

6.5 INSTALACIONES ATENDIDAS

Una instalación atendida es aquella en la que el usuario o el técnico participan activamente en cada fase del proceso. Durante la instalación, el asistente solicita información como:

- Idioma del sistema.
- Tipo de teclado.
- Particiones del disco.
- Clave de producto.
- Creación de usuarios.
- Configuración de red.

Este modelo es habitual en:

- Equipos domésticos.
- Pequeñas oficinas.
- Ordenadores que requieren configuraciones específicas.
- Entornos de formación.

Su principal ventaja es el control total sobre cada decisión. Sin embargo, presenta algunos inconvenientes cuando se trabaja con grandes volúmenes de equipos, ya que resulta un proceso más lento y propenso a inconsistencias.

6.6 INSTALACIONES DESATENDIDAS

Las instalaciones desatendidas eliminan la necesidad de interacción humana mediante el uso de archivos de respuesta que contienen previamente todos los parámetros necesarios.

En el ecosistema Windows, esta automatización puede realizarse mediante herramientas como:

- Windows Deployment Services (WDS).
- Microsoft Deployment Toolkit (MDT).
- Windows Autopilot.

Entre sus principales beneficios destacan:

- Reducción significativa del tiempo de despliegue.
- Eliminación de errores manuales.
- Configuraciones homogéneas.
- Mayor eficiencia para departamentos de TI.

Este tipo de instalación es especialmente recomendable en organizaciones con múltiples equipos o cuando se requiere una rápida sustitución de dispositivos.

No obstante, exige una planificación previa y conocimientos técnicos más avanzados.

6.7 INSTALACIONES EN RED

La instalación en red permite desplegar un sistema operativo desde un servidor central hacia varios equipos cliente sin necesidad de utilizar medios físicos como memorias USB o discos externos.

Este procedimiento se basa normalmente en el arranque por red mediante tecnología **PXE (Preboot Execution Environment)**, que permite a un ordenador iniciar el proceso de instalación directamente desde la infraestructura de red.

Las ventajas principales son:

- Centralización del proceso de instalación.
- Ahorro de tiempo en entornos con numerosos equipos.
- Mayor control por parte de los administradores.
- Facilidad para aplicar políticas corporativas.

Las instalaciones en red son comunes en:

▼ Centros educativos.

▼ Grandes empresas.

▼ Administraciones públicas.

▼ Laboratorios informáticos.

Sin embargo, requieren una infraestructura adecuada, incluyendo:

▼ Servidor de despliegue.

▼ Red estable y de alta velocidad.

▼ Configuración correcta de permisos.

Cuando se implementan correctamente, permiten renovar parques informáticos completos con gran rapidez.

6.8 RESTAURACIÓN DE UNA IMAGEN

La restauración de una imagen del sistema es un procedimiento que permite recuperar un equipo hasta un estado previamente guardado. Una imagen contiene una copia exacta del sistema operativo, aplicaciones, configuraciones y, en muchos casos, datos.

Este recurso resulta fundamental para:

▼ Recuperar sistemas tras fallos críticos.

▼ Eliminar infecciones de malware.

▼ Restaurar configuraciones estandarizadas.

▼ Sustituir discos dañados.

El proceso suele ser más rápido que una instalación completa, ya que evita tener que configurar el sistema desde cero.

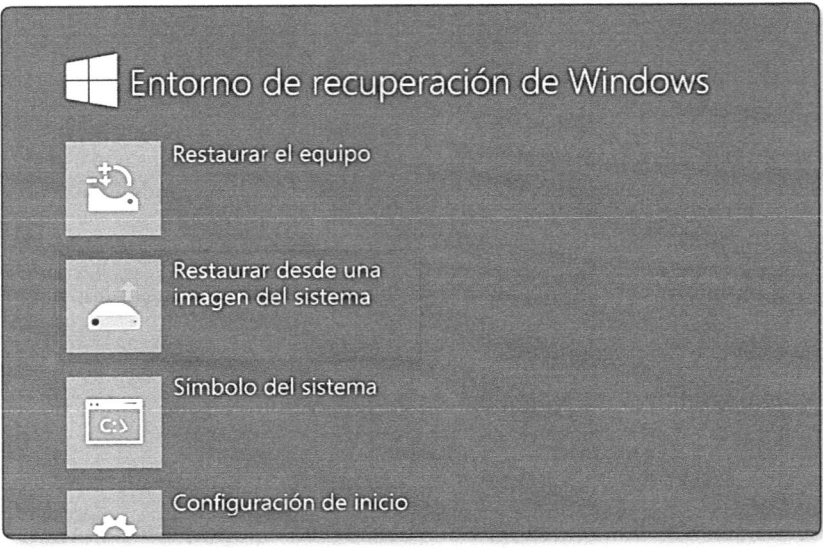

Existen dos enfoques principales:

Imagen completa del sistema

Permite restaurar el equipo exactamente como estaba en el momento de la copia.

Imagen corporativa

Se utiliza para desplegar configuraciones idénticas en múltiples dispositivos.

Para que la restauración sea eficaz, es imprescindible que las imágenes se mantengan actualizadas y almacenadas en ubicaciones seguras.

Además, es recomendable verificar periódicamente que pueden recuperarse correctamente.

6.9 VERIFICACIÓN DE LA INSTALACIÓN. PRUEBAS DE ARRANQUE Y PARADA

Una vez instalado el sistema operativo, no debe darse el proceso por finalizado sin realizar una verificación completa. Esta fase permite detectar errores tempranos y garantizar que el equipo está preparado para su uso.

Entre las comprobaciones más importantes se encuentran:

Prueba de arranque

Consiste en reiniciar el equipo para confirmar que el sistema carga correctamente sin mensajes de error.

Prueba de apagado

Verifica que el sistema puede cerrarse de forma segura sin bloqueos ni procesos pendientes.

Comprobación de dispositivos

Debe confirmarse que todos los componentes —tarjeta gráfica, sonido, red, impresoras— funcionan correctamente.

Validación de actualizaciones

Asegura que el sistema está protegido frente a vulnerabilidades conocidas.

Revisión del rendimiento

Permite detectar lentitud anómala o consumo excesivo de recursos.

Estas pruebas forman parte de las buenas prácticas profesionales y evitan incidencias posteriores.

Crear un **disco duro virtual (VHD o VHDX)** en Windows 11 es un procedimiento muy útil en entornos profesionales y formativos, ya que permite disponer de un espacio de almacenamiento independiente sin necesidad de instalar un nuevo dispositivo físico.

Se utiliza habitualmente para:

- ⚑ Realizar pruebas sin afectar al sistema principal.
- ⚑ Almacenar copias de seguridad.
- ⚑ Separar información sensible.
- ⚑ Simular entornos empresariales.
- ⚑ Trabajar con máquinas virtuales.

Windows incorpora esta funcionalidad dentro de la herramienta **Administración de discos**, por lo que no es necesario instalar software adicional.

6.10 CREACIÓN DE UN DISCO DURO VIRTUAL

El primer paso consiste en abrir la consola desde la cual se gestionan las unidades de almacenamiento del sistema.

Procedimiento:

1. Hacer clic con el botón derecho sobre el botón **Inicio**.

2. Seleccionar la opción Almacenamiento.

3. Configuración avanzada de almacenamiento.

4. Discos y volúmenes.

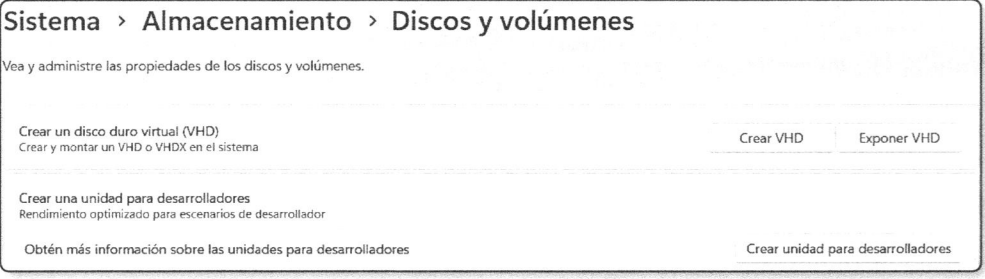

Nota didáctica

También puede accederse pulsando **Windows + X**, combinación especialmente utilizada por perfiles técnicos.

Creación del archivo de disco virtual

Una vez abierta la consola, debe utilizarse el menú superior:

Acción → Crear VHD

A continuación se abrirá una ventana de configuración.

▶ Configuración del disco virtual
   En esta pantalla se definen los parámetros principales:

▶ Ubicación
   Se recomienda guardarlo en un disco con suficiente espacio disponible.

▼ Tamaño

Debe establecerse según el uso previsto.

Para prácticas formativas, **50-100 GB** suele ser una capacidad adecuada.

▼ Formato

Existen dos opciones:

- **VHD**

  Compatible con versiones antiguas de Windows.

- **VHDX** (recomendado).

  – Mayor capacidad.

  – Mejor protección frente a fallos eléctricos.

  – Rendimiento optimizado.

▼ Tipo de asignación

- **Tamaño fijo**

  – Mayor rendimiento.

  – Creación más lenta.

- **Expansión dinámica**

  – Ocupa solo el espacio necesario.

  – Ideal para la mayoría de usuarios.

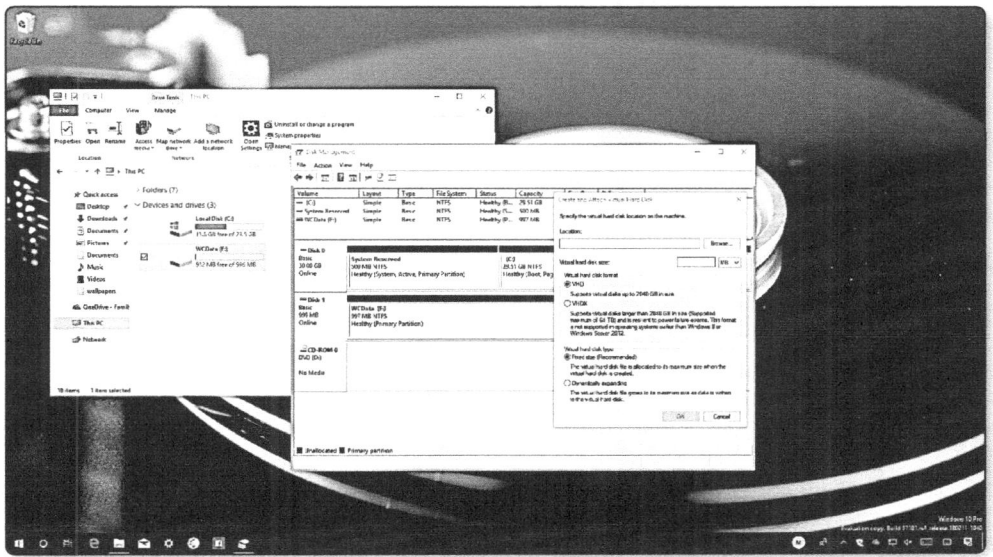

Recomendación

Utilizar **VHDX + expansión dinámica**, salvo que se requiera máximo rendimiento.

Inicialización del disco virtual

Tras crearlo, el sistema lo detectará como un disco nuevo sin formato.

Será necesario inicializarlo.

Windows solicitará elegir un estilo de partición:

☞ **GPT (GUID Partition Table)** → opción recomendada.

☞ **MBR (Master Boot Record)** → solo para compatibilidad con sistemas antiguos.

Creación del volumen y formateo

El último paso consiste en convertir ese espacio no asignado en una unidad funcional.

Procedimiento:

1. Hacer clic derecho sobre el espacio no asignado.

2. Seleccionar **Nuevo volumen simple**.

3. Asignar una letra de unidad.

4. Elegir el sistema de archivos (generalmente **NTFS**).

Tras finalizar el asistente, el disco virtual aparecerá en el explorador y podrá utilizarse como cualquier otra unidad.

ⓘ **Recomendaciones**

■ Ubicar el VHD en un SSD.

Mejora notablemente la velocidad de lectura y escritura.
■ **No** almacenar archivos críticos sin copia adicional.

El VHD es un archivo; si se corrompe, se pierde todo su contenido.

Desmontarlo cuando no se utilice

Reduce el consumo de recursos.

Para desmontarlo:

Administración de discos → clic derecho → **Separar VHD.**

ACTIVIDADES

Actividad 1. Selección del tipo de instalación adecuado

Objetivo: desarrollar criterio técnico para elegir la modalidad de instalación más apropiada.

Desarrollo: analiza los siguientes escenarios y determina qué tipo de instalación sería más recomendable (mínima, estándar o personalizada):

- Un equipo antiguo destinado a tareas básicas.
- Un ordenador personal para uso doméstico.
- Un servidor empresarial con requisitos de seguridad elevados.

Justifica cada respuesta.

Resultado esperado: comprender que la elección del tipo de instalación influye directamente en el rendimiento y la funcionalidad.

Actividad 2. Comparativa entre instalación atendida y desatendida

Objetivo: identificar ventajas y limitaciones de cada modelo.

Desarrollo: elabora una tabla que incluya:

- Nivel de intervención humana.
- Tiempo de despliegue.
- Riesgo de errores.
- Escenarios de uso.

Pregunta de reflexión: ¿Por qué las grandes organizaciones prefieren instalaciones desatendidas?

Resultado esperado: reconocer la importancia de la automatización en entornos corporativos.

Actividad 3. Planificación de una instalación en red

Objetivo: entender los requisitos necesarios para desplegar sistemas desde un servidor.

Desarrollo: imagina que debes instalar el mismo sistema operativo en 30 equipos de un aula informática.

Indica qué elementos serían necesarios:

- Infraestructura de red.
- Servidor de despliegue.
- Permisos.
- Velocidad de conexión.

Resultado esperado: valorar la eficiencia de la instalación centralizada.

Actividad 4. Restauración mediante imagen del sistema

Objetivo: comprender la utilidad de las copias de imagen.

Desarrollo: investiga en qué situaciones sería recomendable restaurar una imagen del sistema en lugar de realizar una instalación completa.

Responde:

- ¿Qué ventajas ofrece?
- ¿Qué precauciones deben tomarse?

Resultado esperado: entender la restauración como estrategia de continuidad operativa.

Actividad 5. Creación de un disco duro virtual

Objetivo: conocer una alternativa flexible al almacenamiento físico.

Desarrollo: describe el procedimiento general para crear un disco duro virtual (VHD o VHDX) e indica:

- ▼ Formato recomendado.
- ▼ Tipo de asignación más habitual.
- ▼ Sistema de partición aconsejado.

Resultado esperado: relacionar esta herramienta con entornos de prueba y virtualización.

PREGUNTAS TIPO TEST

1. **¿Qué tipo de instalación incluye únicamente los componentes esenciales del sistema operativo?**
   a) Instalación personalizada.
   b) Instalación mínima.
   c) Instalación en red.
   d) Instalación desatendida.

2. **¿Cuál es la principal ventaja de una instalación estándar?**
   a) Elimina todos los servicios del sistema.
   b) Permite modificar el kernel.
   c) Ofrece un sistema listo para su uso cotidiano.
   d) Solo funciona sin conexión a Internet.

3. **¿Qué caracteriza a una instalación desatendida?**
   a) Requiere intervención constante del usuario.
   b) Utiliza archivos de respuesta para automatizar el proceso.
   c) Solo puede realizarse desde un DVD.
   d) No permite configuraciones previas.

4. ¿Qué tecnología permite iniciar la instalación de un sistema operativo desde la red?

a) NTFS.

b) BitLocker.

c) PXE.

d) FAT32.

5. ¿Cuál es la principal ventaja de restaurar una imagen del sistema?

a) Reduce la capacidad del disco.

b) Permite recuperar el equipo rápidamente sin configurarlo desde cero.

c) Elimina la necesidad de copias de seguridad.

d) Impide futuras actualizaciones.

RESPUESTAS

1. B.

2. C.

3. B.

4. C.

5. B.

7

REPLICACIÓN FÍSICA DE PARTICIONES Y DISCOS DUROS

La replicación física de particiones y discos duros es un procedimiento técnico que permite copiar de forma exacta la estructura y el contenido de una unidad de almacenamiento. Este proceso resulta fundamental en la administración de sistemas, ya que facilita la protección de la información, la recuperación ante fallos y el despliegue rápido de equipos con configuraciones homogéneas.

En entornos profesionales basados en **Windows 11**, la replicación se ha convertido en una práctica habitual para garantizar la continuidad del servicio y minimizar los tiempos de inactividad. Frente a una avería del disco o a un error crítico del sistema, disponer de una réplica permite restaurar la operatividad del equipo en un tiempo muy reducido.

Además, esta técnica no solo se utiliza como medida de seguridad, sino también como herramienta estratégica para la gestión eficiente de infraestructuras tecnológicas.

7.1 FUNCIONALIDAD Y OBJETIVOS DEL PROCESO DE REPLICACIÓN

El objetivo principal de la replicación es asegurar que la información y la configuración del sistema puedan recuperarse rápidamente ante cualquier incidente. Sin embargo, sus aplicaciones van mucho más allá de la simple copia de datos.

Entre los objetivos más relevantes se encuentran:

- Garantizar la disponibilidad de la información.
- Reducir el impacto de fallos hardware.
- Facilitar la recuperación tras ataques de malware o errores humanos.
- Permitir la migración a nuevos dispositivos sin pérdida de datos.
- Estandarizar configuraciones en múltiples equipos.
- Disminuir los tiempos de despliegue tecnológico.

La replicación puede aplicarse a distintos niveles:

- **Replicación de archivos:** copia únicamente los datos seleccionados.

- **Replicación de particiones:** duplica una unidad lógica completa.

- **Replicación de discos:** genera una copia exacta de todo el dispositivo, incluyendo el sistema operativo, aplicaciones y configuraciones.

Esta última es la más completa y la más utilizada cuando se requiere una recuperación total del sistema.

Es importante destacar que la replicación debe formar parte de una política de seguridad planificada, no ser una acción puntual. Las organizaciones suelen establecer calendarios periódicos de copia para mantener la información actualizada.

7.2 PROGRAMAS DE COPIA DE SEGURIDAD

Los programas de copia de seguridad —también conocidos como software de backup— son herramientas diseñadas para automatizar el proceso de protección de datos. Permiten crear copias programadas sin necesidad de intervención constante por parte del usuario.

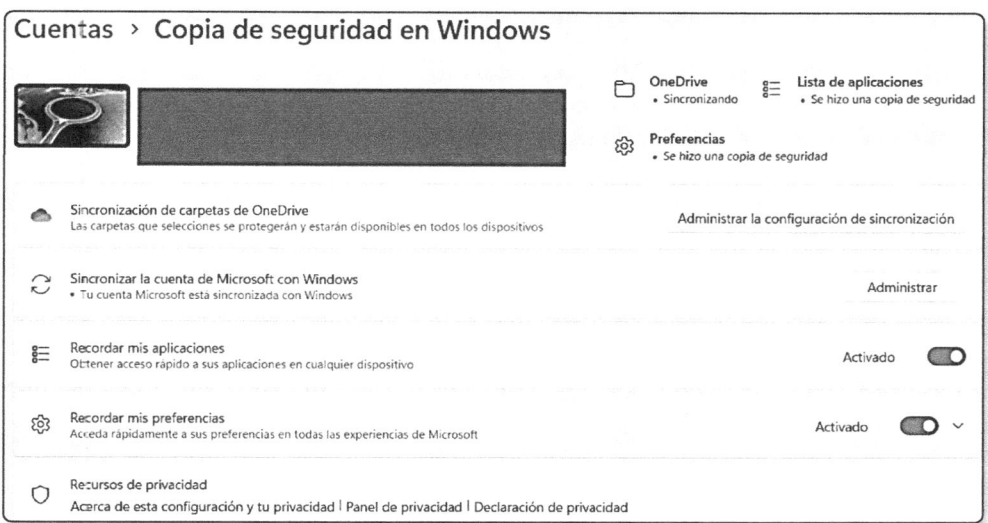

Windows 11 incorpora soluciones propias, como:

▶ **Historial de archivos**, orientado a la protección de documentos personales.

▶ **Copia de seguridad de Windows**, que permite guardar configuraciones y datos en la nube.

▶ **Creación de imágenes del sistema**, útil para restauraciones completas.

Además, existen numerosas soluciones profesionales que ofrecen funcionalidades avanzadas, como:

▶ Copias incrementales y diferenciales.

▶ Compresión de datos para ahorrar espacio.

▶ Cifrado para proteger la información.

▶ Programación automática.

▶ Restauración selectiva.

Una estrategia de copia eficaz suele basarse en la conocida regla **3-2-1**:

▶ Mantener al menos tres copias de los datos.

▶ Utilizar dos soportes diferentes.

▶ Guardar una copia en una ubicación externa o en la nube.

Este enfoque reduce significativamente el riesgo de pérdida definitiva de información.

No basta con realizar copias; también es imprescindible comprobar periódicamente que pueden restaurarse correctamente.

7.3 CLONACIÓN

La clonación es un tipo específico de replicación que consiste en crear una copia idéntica de un disco duro o de una partición. A diferencia de una copia de seguridad tradicional, la clonación genera un soporte completamente operativo que puede sustituir al original de inmediato.

Esto significa que, si el disco principal falla, el clon puede utilizarse para arrancar el sistema sin necesidad de reinstalar nada.

Las situaciones más habituales en las que se utiliza la clonación son:

- Sustitución de discos mecánicos (HDD) por unidades de estado sólido (SSD).
- Renovación de equipos informáticos.
- Implementación de configuraciones estándar en empresas.
- Creación de entornos de prueba.

Entre sus principales ventajas destacan:

- Recuperación casi inmediata ante fallos.
- Eliminación de procesos de reinstalación.
- Conservación íntegra de configuraciones.
- Ahorro de tiempo en despliegues masivos.

Sin embargo, también requiere ciertas precauciones:

- El disco de destino debe tener capacidad suficiente.
- Es recomendable evitar el uso del equipo durante la clonación.
- Debe verificarse la integridad de la copia tras finalizar el proceso.

Actualmente, muchas herramientas permiten clonar discos incluso hacia unidades de menor tamaño siempre que el espacio ocupado lo permita, lo que facilita la migración a dispositivos más rápidos.

Diferencia entre copia de seguridad y clonación

Aunque ambos procesos persiguen la protección de la información, presentan diferencias importantes.

La copia de seguridad se orienta principalmente a preservar los datos para poder restaurarlos en caso necesario. No suele ser arrancable por sí misma.

La clonación, en cambio, crea una unidad completamente funcional que puede utilizarse inmediatamente.

En términos generales:

- **Backup:** protección de datos.
- **Clonación:** continuidad operativa.

Lo más recomendable en entornos profesionales es combinar ambas estrategias para lograr una protección integral.

Copia de seguridad	Clonación
Solo archivos y carpetas	Unidad completa
Imagen comprimida	Copia exacta
Archivo único	Sin archivo intermedio
Permite múltiples copias	Sobrescribe el destino

7.4 IMPORTANCIA DE LA REPLICACIÓN EN LA GESTIÓN MODERNA DE SISTEMAS

La replicación física de discos y particiones es una práctica esencial dentro de cualquier política tecnológica orientada a la seguridad y la continuidad del negocio. No se trata únicamente de prevenir pérdidas, sino de garantizar que la actividad pueda mantenerse incluso ante situaciones críticas.

Un sistema sin estrategia de replicación es un sistema vulnerable.

Por ello, cada vez más organizaciones integran estos procedimientos dentro de sus planes de contingencia, conscientes de que la información es uno de sus activos más valiosos.

Dominar estas técnicas permite a los profesionales informáticos actuar con rapidez, minimizar riesgos y asegurar entornos de trabajo estables y confiables.

7.5 SEGURIDAD Y PREVENCIÓN EN EL PROCESO DE REPLICACIÓN

La replicación de discos y particiones es un procedimiento crítico dentro de la administración de sistemas, ya que implica trabajar directamente con la estructura de almacenamiento donde reside el sistema operativo y la información corporativa o personal. Por este motivo, cualquier error durante el proceso puede provocar pérdidas de datos, fallos de arranque o incluso la inutilización del equipo. Aplicar medidas de seguridad y prevención resulta, por tanto, imprescindible.

Antes de iniciar cualquier proceso de replicación es recomendable realizar una copia de seguridad adicional de la información más importante. Aunque la clonación suele ser un procedimiento fiable, factores como cortes de energía, desconexiones accidentales o errores del software pueden interrumpir el proceso.

Entre las principales medidas preventivas se encuentran:

- Verificar el estado del disco origen mediante herramientas de diagnóstico. Un disco con sectores defectuosos puede generar una copia corrupta.

- Comprobar que el disco destino dispone de capacidad suficiente y es compatible con el sistema.

- Utilizar fuentes de alimentación estables o sistemas de alimentación ininterrumpida (SAI) para evitar apagados inesperados.

- Cerrar aplicaciones en ejecución para impedir conflictos durante la clonación.

- Confirmar cuidadosamente qué disco es el origen y cuál el destino antes de iniciar el proceso.

Uno de los errores más graves consiste en invertir el orden de los discos, lo que puede provocar el borrado irreversible de la información original.

Asimismo, es aconsejable realizar la replicación en momentos de baja actividad del sistema, especialmente en entornos empresariales donde los equipos forman parte de una red. Esto reduce el riesgo de interferencias y mejora la velocidad del proceso.

Una vez finalizada la replicación, debe comprobarse que el disco clonado arranca correctamente y que los archivos son accesibles. Esta verificación evita descubrir problemas cuando la copia ya es necesaria.

La seguridad también implica proteger la información replicada. Si el disco contiene datos sensibles, debe almacenarse en un lugar seguro y, preferiblemente, cifrado para evitar accesos no autorizados.

En definitiva, la prevención convierte la replicación en un proceso fiable y garantiza que la copia cumpla su verdadera función: permitir la recuperación rápida del sistema.

7.6 PARTICIONES DE DISCOS

Una partición es una división lógica de un disco duro que permite organizar el almacenamiento en espacios independientes. Aunque físicamente el disco sea un único dispositivo, el sistema operativo puede reconocer cada partición como si se tratara de unidades diferentes.

Esta organización facilita la gestión de la información y mejora la seguridad de los datos. Por ejemplo, es posible instalar el sistema operativo en una partición y almacenar los documentos en otra, de modo que, si el sistema falla, los archivos personales permanezcan intactos.

En Windows 11, las particiones pueden visualizarse y administrarse mediante la herramienta **Administración de discos**, que permite crear, eliminar, redimensionar o formatear unidades de forma relativamente sencilla.

El uso de particiones presenta varias ventajas:

- Mejora la organización de los datos.
- Permite instalar varios sistemas operativos en un mismo equipo.
- Facilita la realización de copias de seguridad selectivas.
- Reduce el riesgo de pérdida total de información.
- Optimiza el rendimiento en determinados escenarios.

Sin embargo, una planificación incorrecta puede generar problemas de espacio o dificultar futuras ampliaciones. Por ello, es recomendable diseñar la estructura de particiones antes de instalar el sistema operativo.

Una práctica habitual consiste en separar:

◤ Partición del sistema.

◤ Partición de programas.

◤ Partición de datos.

◤ Partición de recuperación.

Este modelo favorece el mantenimiento del equipo y simplifica las tareas de restauración.

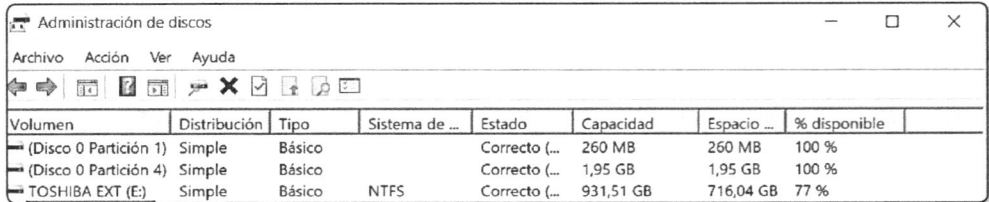

7.7 TIPOS DE PARTICIONES

Los discos pueden estructurarse en distintos tipos de particiones, cada una con funciones específicas dentro del sistema. Conocer estas diferencias permite tomar decisiones más acertadas durante la instalación o la replicación.

Partición primaria

Es la partición principal desde la que puede arrancar el sistema operativo. Tradicionalmente, los discos con esquema MBR permitían hasta cuatro particiones primarias, aunque los sistemas modernos basados en GPT amplían considerablemente este límite.

La partición primaria suele contener los archivos necesarios para el inicio del sistema.

Partición extendida

Se creó para superar la limitación del número de particiones primarias. Actúa como un contenedor dentro del cual pueden crearse múltiples particiones lógicas.

No se utiliza directamente para almacenar el sistema, sino como estructura organizativa.

Particiones lógicas

Se encuentran dentro de la partición extendida y funcionan como unidades independientes. Son adecuadas para almacenar datos, copias de seguridad o aplicaciones.

Permiten una organización flexible del espacio sin necesidad de crear nuevas particiones primarias.

Partición del sistema

Contiene los archivos esenciales para el arranque del equipo, como el gestor de inicio. En sistemas modernos con firmware UEFI suele corresponder a la **partición EFI**, imprescindible para iniciar Windows 11.

Partición de recuperación

Incluye herramientas que permiten restaurar el sistema a su estado original en caso de fallo grave. Muchos fabricantes la incorporan de forma predeterminada.

Eliminar esta partición puede impedir la recuperación automática del equipo.

Particiones GPT frente a MBR

Actualmente, el estándar recomendado es **GPT (GUID Partition Table)**, ya que ofrece importantes ventajas frente al antiguo esquema **MBR (Master Boot Record)**:

- Permite discos de mayor capacidad.
- Admite un número muy superior de particiones.
- Mejora la fiabilidad mediante copias de la tabla de particiones.
- Es compatible con sistemas UEFI, necesarios para aprovechar todas las funciones de Windows 11.

Por estas razones, GPT se considera la opción más adecuada para equipos modernos.

Comprender los distintos tipos de particiones no solo ayuda a organizar mejor el almacenamiento, sino que también facilita procesos como la clonación, la migración de discos o la recuperación ante fallos.

7.8 HERRAMIENTAS DE GESTIÓN

Las herramientas de gestión son aplicaciones diseñadas para facilitar la administración, supervisión y mantenimiento de los sistemas informáticos. En entornos actuales basados en **Windows 11**, estas herramientas permiten a los profesionales de TI controlar el estado de los equipos, optimizar recursos, automatizar tareas y reducir la probabilidad de incidencias.

Una gestión eficaz no solo mejora el rendimiento del sistema, sino que también refuerza la seguridad y prolonga la vida útil del hardware. Por ello, el conocimiento de estas herramientas constituye una competencia fundamental dentro de la administración de sistemas microinformáticos.

Windows 11 incorpora numerosas utilidades que permiten realizar tareas de gestión sin necesidad de instalar software adicional.

Entre las más relevantes destacan:

Administrador de tareas

Permite supervisar procesos en ejecución, consumo de CPU, memoria y red. Es especialmente útil para detectar aplicaciones que ralentizan el sistema o identificar comportamientos anómalos.

Administrador de dispositivos

Facilita la visualización y control del hardware instalado. Desde esta herramienta es posible actualizar controladores, habilitar o deshabilitar dispositivos y diagnosticar conflictos.

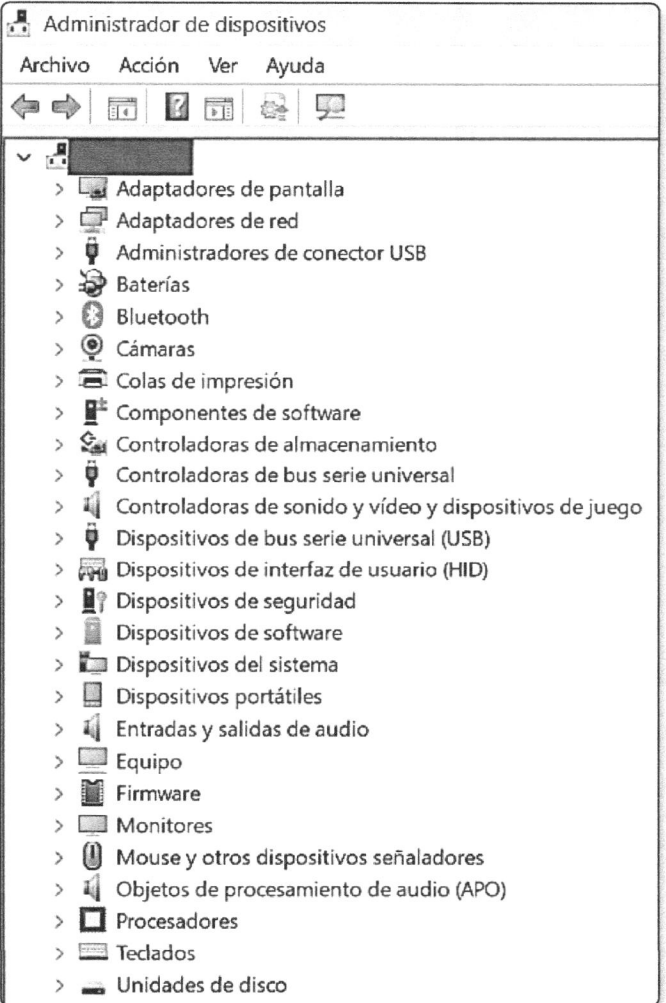

Administración de discos

Permite crear, eliminar o modificar particiones, asignar letras de unidad y preparar nuevos discos para su uso.

Visor de eventos

Registra sucesos del sistema, advertencias y errores. Su consulta resulta clave para el diagnóstico de problemas.

Monitor de rendimiento

Ofrece información detallada sobre el uso de recursos, ayudando a detectar cuellos de botella.

Herramientas de administración remota

En entornos profesionales, permiten gestionar equipos sin necesidad de acceso físico, optimizando el tiempo de intervención.

El uso combinado de estas herramientas proporciona una visión global del sistema y permite actuar de forma preventiva antes de que aparezcan fallos críticos.

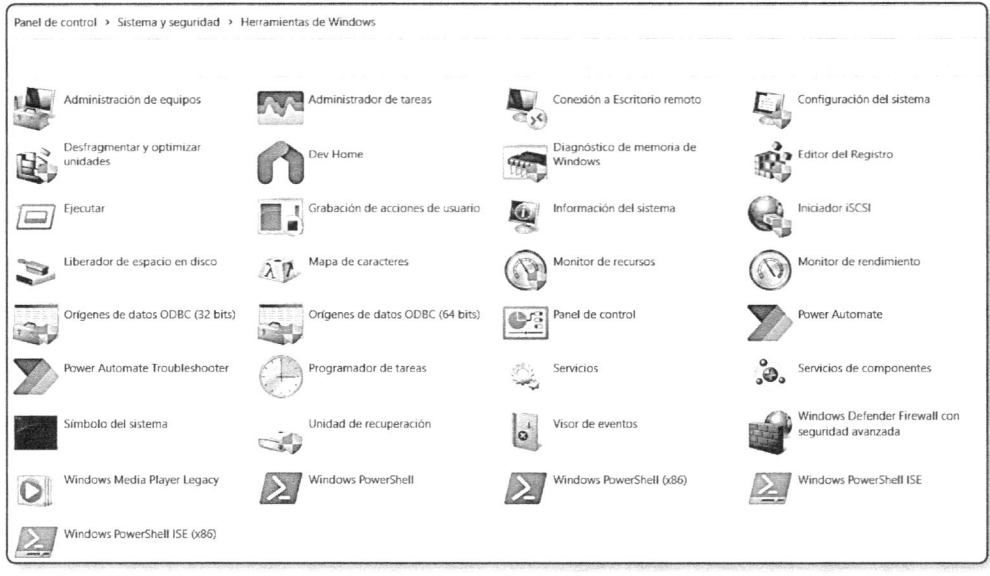

7.9 HERRAMIENTAS DE CREACIÓN E IMPLANTACIÓN DE IMÁGENES Y RÉPLICAS DE SISTEMAS

La creación de imágenes y réplicas es una práctica habitual en la gestión moderna de infraestructuras informáticas. Estas herramientas permiten capturar la configuración completa de un equipo —incluyendo sistema operativo, aplicaciones y ajustes— para reproducirla posteriormente en uno o varios dispositivos.

Este procedimiento resulta especialmente valioso cuando se requiere desplegar múltiples equipos con la misma configuración o restaurar sistemas tras fallos graves.

7.10 HERRAMIENTAS PROFESIONALES DE TERCEROS

Existen soluciones especializadas que amplían las funcionalidades disponibles:

- Software de clonación de discos.
- Plataformas de gestión centralizada de imágenes.
- Herramientas de virtualización.
- Sistemas de backup corporativo.

Estas aplicaciones suelen incluir opciones como compresión, cifrado, programación automática y restauración selectiva.

Seleccionar la herramienta adecuada depende de factores como el tamaño de la organización, el número de equipos y el nivel de automatización deseado.

7.11 ORÍGENES DE INFORMACIÓN

El origen de la información hace referencia a la fuente desde la cual se obtienen los datos necesarios para crear una imagen o réplica del sistema. Identificar correctamente estas fuentes es fundamental para garantizar que la copia resultante sea completa, fiable y funcional.

Entre los principales orígenes se encuentran:

Equipo maestro o de referencia

Se trata de un ordenador configurado con el sistema operativo, aplicaciones corporativas y ajustes deseados. A partir de este equipo se genera la imagen que se replicará en el resto de dispositivos.

Este enfoque garantiza la estandarización de los entornos de trabajo.

Repositorios de red

Muchas organizaciones almacenan imágenes en servidores centrales para facilitar su distribución.

Copias de seguridad previas

Pueden utilizarse como base para restauraciones rápidas.

Almacenamiento en la nube

Ofrece disponibilidad remota y protección frente a desastres físicos.

Es fundamental comprobar que la información origen esté actualizada y libre de errores. Replicar un sistema defectuoso implica multiplicar el problema en todos los equipos destino.

Por ello, antes de capturar una imagen se recomienda:

- Eliminar archivos innecesarios.
- Instalar actualizaciones.
- Revisar controladores.
- Analizar el sistema en busca de malware.

La calidad de la réplica dependerá directamente de la calidad del origen.

7.12 PROCEDIMIENTOS DE IMPLANTACIÓN DE IMÁGENES Y RÉPLICAS DE SISTEMAS

La implantación consiste en aplicar una imagen previamente creada sobre uno o varios equipos para dejarlos operativos en el menor tiempo posible. Este proceso debe seguir una metodología estructurada que garantice resultados consistentes.

Fases habituales del procedimiento

1. **Preparación del equipo maestro**
   Se configura el sistema con todas las aplicaciones y ajustes necesarios.

2. **Creación de la imagen**
   Se captura el estado del sistema mediante herramientas especializadas.

3. **Almacenamiento seguro**

   La imagen debe guardarse en un soporte fiable para evitar daños o pérdidas.

4. **Despliegue en los equipos destino**

   Puede realizarse mediante medios físicos o a través de la red.

5. **Configuración posterior**

   Incluye la asignación de nombres de equipo, direcciones IP o usuarios.

6. **Verificación final**

   Se comprueba que el sistema funciona correctamente.

Este procedimiento aporta ventajas significativas:

- Reduce el tiempo de instalación.
- Garantiza configuraciones uniformes.
- Minimiza errores humanos.
- Facilita el mantenimiento.

No obstante, también exige planificación y pruebas previas para evitar incompatibilidades.

En organizaciones grandes, estos procesos suelen automatizarse para permitir despliegues simultáneos en decenas o cientos de equipos.

7.13 IMPORTANCIA ESTRATÉGICA DE ESTAS HERRAMIENTAS

La utilización de herramientas de gestión y de implantación de imágenes representa un cambio de enfoque en la administración informática. Se pasa de un modelo reactivo —resolver problemas cuando aparecen— a un modelo preventivo y planificado.

Implementar estas prácticas permite:

- Mejorar la eficiencia operativa.
- Reducir costes de mantenimiento.
- Aumentar la seguridad.
- Garantizar la continuidad del servicio.

En definitiva, dominar estos recursos es esencial para cualquier profesional responsable de la administración de sistemas modernos.

ACTIVIDADES

Actividad 1. Distinguir copia de seguridad y clonación

Objetivo: diferenciar ambos procedimientos y elegir el más adecuado según el caso.

Desarrollo: a partir de estos escenarios, indica si conviene **backup**, **clonación** o ambos, y justifica la decisión:

- Migración de HDD a SSD en un equipo de oficina.
- Protección de documentos críticos ante borrados accidentales.
- Recuperación rápida tras fallo del disco del sistema.
- Despliegue de 20 equipos idénticos en un aula.

Actividad 2. Aplicación de la regla 3-2-1

Objetivo: diseñar una estrategia de protección de datos realista.

Desarrollo: elabora un plan 3-2-1 para un profesional que trabaja con documentación importante. Debe incluir:

- 3 copias (indica cuáles).
- 2 soportes diferentes (ej.: sSD externo, NAS, nube, etc.).
- 1 copia externa (fuera del equipo).
- Añade periodicidad (diaria/semanal/mensual).

Actividad 3. Planificación de particiones para facilitar la recuperación

Objetivo: organizar el disco para minimizar pérdidas ante incidencias.

Desarrollo: propón una estructura de particiones para un disco de 512 GB o 1 TB, separando:

▶ Partición del sistema.

▶ Partición de datos.

▶ (Opcional) partición de copias/recuperación...

▶ Explica la ventaja de reinstalar Windows sin afectar a los datos.

Actividad 4. Checklist de seguridad antes de clonar

Objetivo: prevenir errores críticos durante la replicación.

Desarrollo: crea una lista de verificación con al menos 10 puntos que incluya:

▶ Diagnóstico del disco origen.

▶ Capacidad del disco destino.

▶ Confirmación de "origen/destino".

▶ Alimentación estable (SAI si procede).

▶ Cierre de aplicaciones.

▶ Verificación posterior de arranque.

Actividad 5. Simulación de administración en Windows 11

Objetivo: localizar herramientas de gestión y describir su uso.

Desarrollo: identifica qué herramienta usarías para cada caso y explica el motivo:

▶ Ver procesos que consumen demasiada CPU.

▶ Revisar errores críticos del sistema.

▶ Gestionar particiones/volúmenes.

▶ Actualizar un controlador de red.

▶ Detectar cuellos de botella de rendimiento.

PREGUNTAS TIPO TEST

1. **¿Qué define mejor la clonación de un disco?**
   a) Copia solo archivos seleccionados.
   b) Crea una copia idéntica y operativa del disco o partición.
   c) Comprime documentos para ahorrar espacio.
   d) Solo funciona con almacenamiento en la nube.

1. **¿Cuál es una diferencia clave entre backup y clonación?**
   a) El backup siempre es arrancable.
   b) La clonación solo guarda documentos.
   c) El backup se orienta a proteger datos; la clonación a continuidad operativa.
   d) No existe ninguna diferencia.

1. **¿Qué riesgo es especialmente crítico durante una clonación?**
   a) Que el monitor se apague.
   b) Invertir el disco origen y el disco destino.
   c) Tener el ratón desconectado.
   d) Que el teclado sea inalámbrico.

1. **¿Qué esquema de particiones se recomienda en equipos modernos con Windows 11 por compatibilidad con UEFI?**
   a) FAT32.
   b) MBR.
   c) GPT.
   d) ext4.

1. **Según la regla 3-2-1, ¿qué significa el "1"?**
   a) Guardar una sola copia en el mismo disco.
   b) Mantener una copia en una ubicación externa o fuera del equipo.
   c) Hacer una copia al año.
   d) Usar un único soporte de almacenamiento.

RESPUESTAS

1. B.	4. C.
2. C.	5. B.
3. B.	

8

ACTUALIZACIÓN DEL SISTEMA OPERATIVO INFORMÁTICO

La actualización del sistema operativo es una tarea fundamental para garantizar el correcto funcionamiento de los equipos informáticos, así como para mantener adecuados niveles de seguridad, estabilidad y compatibilidad con el software más reciente. En el caso de **Windows 11**, la política de actualizaciones se ha convertido en un elemento clave del mantenimiento del sistema, ya que Microsoft introduce mejoras continuas orientadas a optimizar el rendimiento, corregir vulnerabilidades y adaptar el sistema a las nuevas necesidades tecnológicas.

Mantener el sistema operativo actualizado no solo protege frente a amenazas externas, sino que también permite aprovechar nuevas funcionalidades, mejorar la experiencia de usuario y asegurar la interoperabilidad con periféricos y aplicaciones. En entornos profesionales, la actualización forma parte de las políticas de administración de sistemas y se integra dentro de los planes de mantenimiento preventivo.

Antes de proceder a una actualización, es recomendable comprobar la compatibilidad del hardware, verificar que existe suficiente espacio en el disco y realizar una copia de seguridad de la información crítica. Estas medidas minimizan el riesgo de pérdida de datos y facilitan la recuperación ante posibles incidencias.

8.1 CLASIFICACIÓN DE LAS FUENTES DE ACTUALIZACIÓN

Las fuentes de actualización son los canales a través de los cuales se distribuyen las mejoras del sistema operativo. Conocerlas permite seleccionar el método más adecuado en función del entorno de trabajo, ya sea doméstico, educativo o corporativo.

Entre las principales fuentes de actualización destacan:

Actualizaciones oficiales del fabricante

Son las proporcionadas directamente por Microsoft a través de sus servidores. Constituyen la vía más segura, ya que han sido verificadas y probadas para garantizar su estabilidad.

Repositorios corporativos

En organizaciones de tamaño medio o grande es habitual utilizar servidores internos que centralizan las actualizaciones. Este sistema permite a los administradores controlar qué versiones se instalan y cuándo hacerlo, evitando interrupciones en la actividad laboral.

Centros de descarga autorizados

Microsoft ofrece catálogos oficiales desde los que es posible descargar manualmente paquetes de actualización, controladores o parches específicos. Este método resulta útil cuando se necesita instalar una actualización concreta sin depender del sistema automático.

Actualizaciones de controladores y firmware

Además del sistema operativo, muchos fabricantes de hardware publican actualizaciones para mejorar el funcionamiento de dispositivos como tarjetas gráficas, adaptadores de red o unidades de almacenamiento. En Windows 11, muchas de estas actualizaciones se integran en el propio sistema de actualización.

Seleccionar fuentes fiables es esencial para evitar software malicioso o versiones manipuladas que puedan comprometer la seguridad del equipo.

8.2 ACTUALIZACIÓN AUTOMÁTICA

Windows 11 incorpora un sistema de actualización automática diseñado para simplificar el mantenimiento del equipo y reducir la intervención del usuario. Este mecanismo descarga e instala las actualizaciones en segundo plano, garantizando que el sistema permanezca protegido frente a vulnerabilidades recientes.

El servicio responsable de este proceso es **Windows Update**, accesible desde la configuración del sistema. Entre sus principales funciones se encuentran:

▼ Detectar nuevas actualizaciones disponibles.

▼ Descargar los archivos necesarios.

▼ Instalar parches de seguridad y mejoras del sistema.

▼ Programar reinicios cuando sea necesario.

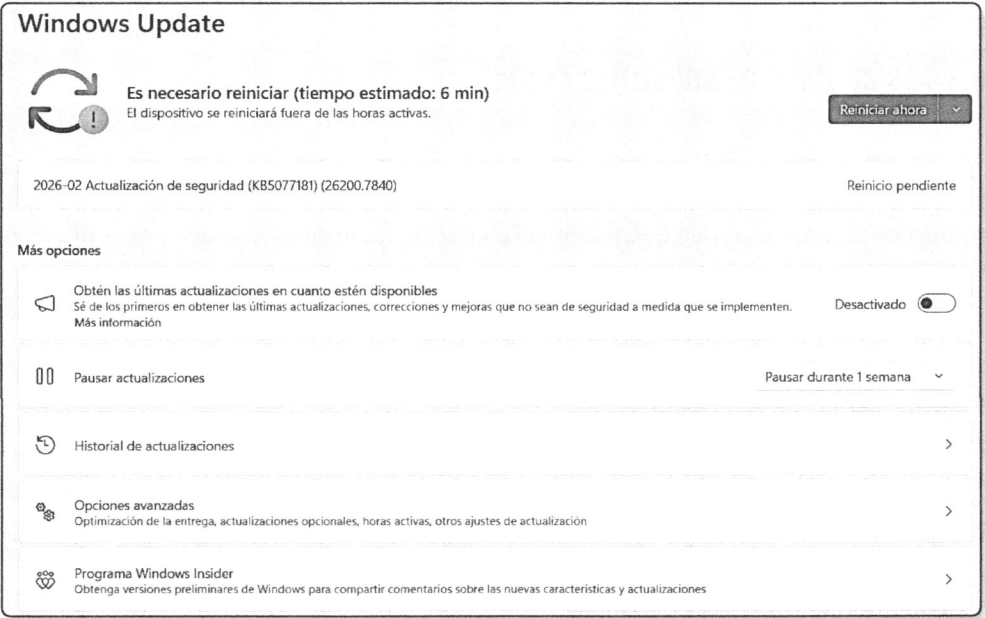

Una de las ventajas de la actualización automática es que minimiza el riesgo de que el equipo quede expuesto a amenazas por falta de mantenimiento. No obstante, en entornos profesionales puede ser recomendable configurar horarios activos para evitar reinicios durante la jornada laboral.

Windows 11 también permite pausar temporalmente las actualizaciones, una opción útil cuando se están realizando tareas críticas o presentaciones. Sin embargo, esta pausa debe ser limitada, ya que retrasar las actualizaciones puede aumentar la exposición a riesgos de seguridad.

Además, el sistema clasifica las actualizaciones en distintos tipos:

- **Actualizaciones de seguridad**, destinadas a corregir vulnerabilidades.

- **Actualizaciones acumulativas**, que incluyen mejoras y correcciones previas.

- **Actualizaciones de características**, que introducen nuevas funciones.

- **Actualizaciones opcionales**, como ciertos controladores.

Comprender esta clasificación ayuda a valorar la importancia de cada actualización y a planificar su instalación de forma adecuada.

8.3 LOS CENTROS DE SOPORTE Y AYUDA

El soporte técnico constituye un recurso esencial para resolver incidencias relacionadas con la actualización del sistema operativo. Windows 11 dispone de múltiples canales de ayuda que facilitan la identificación de problemas y la aplicación de soluciones.

Entre los principales recursos destacan:

Soporte oficial de Microsoft

A través de su portal web, Microsoft ofrece guías, asistentes interactivos, documentación técnica y herramientas de diagnóstico. Este servicio es especialmente útil para resolver errores de instalación o problemas de compatibilidad.

Asistencia integrada en el sistema

Windows incluye herramientas como el solucionador de problemas de Windows Update, capaz de detectar fallos comunes y aplicar correcciones automáticas.

Comunidades técnicas y foros especializados

Existen comunidades de usuarios y profesionales donde se comparten experiencias y soluciones. Aunque resultan útiles, es importante contrastar la información y priorizar siempre las fuentes oficiales.

Soporte empresarial

Las organizaciones suelen disponer de departamentos de TI o contratos de soporte que permiten gestionar incidencias de forma rápida y centralizada.

Recurrir a los centros de soporte no solo facilita la resolución de problemas, sino que también contribuye a mejorar el conocimiento técnico del usuario, favoreciendo una gestión más autónoma del sistema.

8.4 IMPORTANCIA DE UNA POLÍTICA DE ACTUALIZACIÓN

La actualización del sistema operativo debe entenderse como un proceso continuo y planificado. No se trata de una acción puntual, sino de una práctica de mantenimiento imprescindible para prolongar la vida útil de los equipos y garantizar un entorno de trabajo seguro.

Una política adecuada de actualizaciones permite:

- Reducir vulnerabilidades de seguridad.
- Mejorar el rendimiento del sistema.
- Garantizar la compatibilidad con nuevas aplicaciones.
- Optimizar la estabilidad del equipo.
- Facilitar la administración en entornos corporativos.

En definitiva, mantener actualizado **Windows 11** es una de las prácticas más sencillas y eficaces para asegurar la fiabilidad del sistema informático. Su correcta gestión forma parte de las competencias básicas que debe adquirir cualquier profesional que trabaje con equipos informáticos.

8.5 PROCEDIMIENTOS DE ACTUALIZACIÓN

Los procedimientos de actualización constituyen el conjunto de acciones planificadas que permiten mantener el sistema operativo y sus componentes en condiciones óptimas de funcionamiento. En entornos actuales, caracterizados por la rápida evolución tecnológica y la creciente sofisticación de las amenazas informáticas, actualizar un sistema no es una tarea opcional, sino una actividad esencial dentro del mantenimiento preventivo.

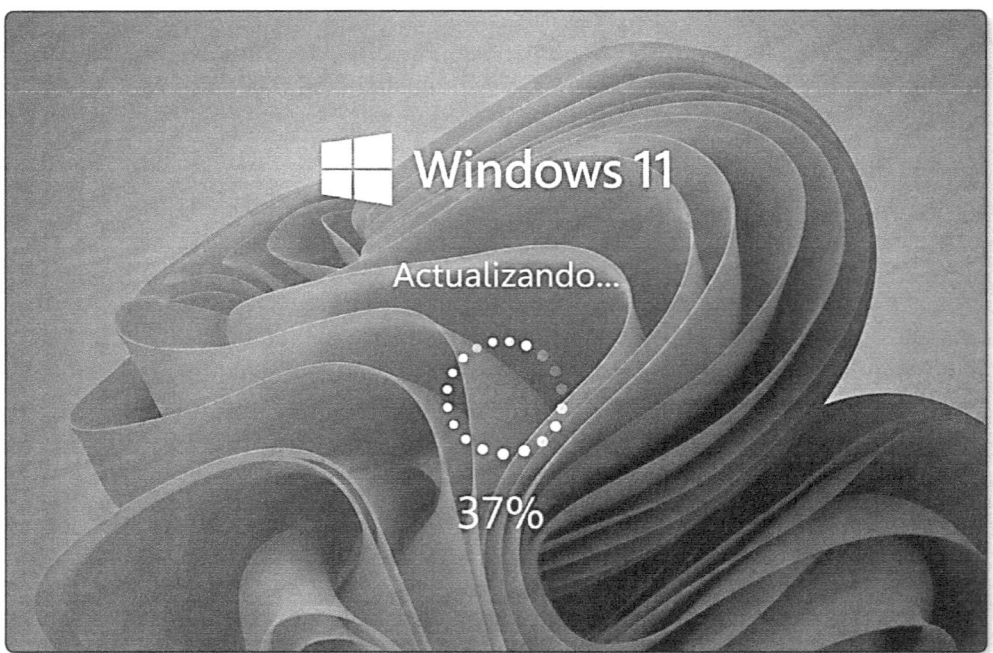

En el caso de **Windows 11**, los procedimientos de actualización han sido diseñados para ser más seguros, automatizados y transparentes para el usuario, aunque siguen requiriendo supervisión, especialmente en contextos profesionales o corporativos.

Un procedimiento de actualización eficaz debe seguir una secuencia lógica que minimice riesgos y garantice la continuidad operativa del equipo.

1. Evaluación previa del sistema

Antes de iniciar cualquier actualización es fundamental comprobar el estado general del equipo. Esto implica verificar:

- Espacio disponible en el disco.
- Nivel de batería en equipos portátiles o conexión a la red eléctrica.
- Compatibilidad del hardware.
- Existencia de controladores actualizados.
- Funcionamiento correcto del sistema.

Esta evaluación reduce la probabilidad de fallos durante la instalación.

2. Copia de seguridad de la información

Aunque las actualizaciones modernas suelen ser seguras, siempre existe la posibilidad de errores imprevistos. Por ello, es recomendable realizar una copia de seguridad de los datos críticos mediante herramientas como:

- Historial de archivos de Windows.
- Copias en la nube (OneDrive).
- Imágenes del sistema.
- Discos externos.

La copia de seguridad garantiza que la información pueda recuperarse rápidamente ante cualquier incidencia.

3. Selección del tipo de actualización

No todas las actualizaciones tienen el mismo impacto. Algunas corrigen pequeños errores, mientras que otras modifican componentes esenciales del sistema.

El usuario o administrador debe decidir si conviene:

- Instalar la actualización inmediatamente.
- Programarla fuera del horario laboral.
- Probarla primero en un entorno de pruebas.

Este criterio es especialmente relevante en organizaciones donde una actualización defectuosa podría afectar a múltiples usuarios.

4. Descarga de la actualización

La descarga debe realizarse desde fuentes oficiales para evitar riesgos de seguridad. Windows 11 gestiona este proceso automáticamente mediante Windows Update, aunque también puede hacerse manualmente desde el catálogo de Microsoft.

Durante la descarga es aconsejable mantener una conexión estable para evitar archivos corruptos.

5. Instalación

La instalación puede requerir uno o varios reinicios. En esta fase es importante:

- No apagar el equipo.
- No interrumpir el proceso.
- Evitar ejecutar programas exigentes.

Interrumpir una actualización puede provocar errores graves en el sistema.

6. Verificación posterior

Una vez instalada la actualización, conviene comprobar que:

- El sistema arranca correctamente.
- Los dispositivos funcionan con normalidad.
- Las aplicaciones habituales se ejecutan sin problemas.
- No se han modificado configuraciones críticas.

Si se detecta alguna anomalía, Windows permite desinstalar ciertas actualizaciones o restaurar el sistema a un punto anterior.

7. Documentación del proceso

En entornos profesionales es habitual registrar:

- Fecha de actualización.
- Versión instalada.
- Incidencias detectadas.
- Soluciones aplicadas.

Esta información facilita auditorías y futuras intervenciones técnicas.

En definitiva, seguir un procedimiento estructurado transforma la actualización en un proceso controlado y seguro, evitando improvisaciones que puedan comprometer la estabilidad del equipo.

8.6 ACTUALIZACIÓN DE SISTEMAS OPERATIVOS

Actualizar el sistema operativo implica incorporar mejoras que afectan al núcleo del sistema, a la seguridad y a la experiencia de usuario. Windows 11 adopta un modelo de actualización continua, lo que significa que el sistema evoluciona sin necesidad de reinstalaciones completas frecuentes.

Las actualizaciones del sistema operativo pueden clasificarse en varios niveles.

Actualizaciones de seguridad

Son prioritarias, ya que corrigen vulnerabilidades que podrían ser explotadas por software malicioso. Su instalación inmediata es altamente recomendable.

Actualizaciones acumulativas

Incluyen mejoras anteriores junto con nuevas correcciones, simplificando el mantenimiento al evitar instalaciones múltiples.

Actualizaciones de características

Introducen nuevas funciones, cambios en la interfaz o mejoras de rendimiento. Suelen publicarse una o dos veces al año.

Actualizaciones críticas

Se aplican cuando existe un riesgo significativo para el sistema o los datos.

8.7 VENTAJAS DE MANTENER ACTUALIZADO EL SISTEMA OPERATIVO

- Mayor protección frente a amenazas.

- Mejor rendimiento general.

- Compatibilidad con hardware reciente.

- Acceso a nuevas herramientas.

- Reducción de errores del sistema.

Un sistema desactualizado se vuelve progresivamente vulnerable e incompatible con aplicaciones modernas.

8.8 RIESGOS DE NO ACTUALIZAR

No instalar actualizaciones puede provocar:

- Fallos de seguridad.

- Problemas de compatibilidad.

- Pérdida de soporte técnico.

- Bajo rendimiento.

Por ello, la actualización debe integrarse dentro de las rutinas periódicas de mantenimiento.

8.9 RECOMENDACIONES EN LA ACTUALIZACIÓN DE WINDOWS 11

- Activar las actualizaciones automáticas.

- Programar reinicios fuera del horario productivo.

- Revisar los informes de actualización.

- Mantener actualizados los controladores.

En organizaciones, estas tareas suelen gestionarse mediante políticas centralizadas para garantizar la homogeneidad de los equipos.

8.10 ACTUALIZACIÓN DE COMPONENTES SOFTWARE

Además del sistema operativo, un equipo informático depende de numerosos programas que también requieren actualización. Estas aplicaciones pueden incluir:

- Suites ofimáticas.
- Navegadores web.
- Herramientas de seguridad.
- Aplicaciones corporativas.
- Controladores de dispositivos.

Mantener actualizado el software complementario es tan importante como actualizar el propio sistema operativo.

8.11 IMPORTANCIA DE ACTUALIZAR EL SOFTWARE

Las actualizaciones de software permiten:

- Corregir errores de funcionamiento.
- Mejorar la seguridad.
- Incorporar nuevas funcionalidades.
- Optimizar el rendimiento.

Un navegador sin actualizar, por ejemplo, puede convertirse en una puerta de entrada para ataques informáticos.

8.12 TIPOS DE ACTUALIZACIONES DE SOFTWARE

Actualizaciones automáticas

Muchos programas incluyen sistemas que buscan e instalan mejoras sin intervención del usuario.

Actualizaciones manuales

Requieren que el usuario descargue la nueva versión desde la web oficial.

Actualizaciones mayores

Suponen cambios importantes y, en ocasiones, modificaciones en la interfaz.

Parcheado

Consiste en pequeñas correcciones destinadas a resolver fallos específicos.

8.13 GESTIÓN EFICIENTE DE LAS ACTUALIZACIONES

Para evitar problemas derivados de incompatibilidades, es recomendable:

- No instalar software de fuentes desconocidas.
- Revisar los requisitos antes de actualizar.
- Eliminar aplicaciones obsoletas.
- Mantener solo el software necesario.

Una gestión racional del software reduce el consumo de recursos y mejora la estabilidad del sistema.

8.14 ACTUALIZACIÓN DE CONTROLADORES

Los controladores o drivers permiten la comunicación entre el sistema operativo y el hardware. Mantenerlos actualizados garantiza que los dispositivos funcionen correctamente y aprovechen todas sus capacidades.

Windows 11 puede actualizar muchos controladores automáticamente, aunque en algunos casos conviene acudir al fabricante para obtener versiones más recientes.

8.15 LA ACTUALIZACIÓN COMO ESTRATEGIA DE MANTENIMIENTO

La actualización debe considerarse parte de una estrategia global de administración del sistema. No solo protege el equipo, sino que prolonga su vida útil y mejora la experiencia de usuario.

Adoptar una actitud proactiva frente a las actualizaciones permite anticiparse a problemas, evitar interrupciones y mantener un entorno informático fiable.

En conclusión, actualizar el sistema operativo y sus componentes software es una de las prácticas más importantes dentro de la gestión informática moderna. Un equipo actualizado es sinónimo de seguridad, eficiencia y preparación para afrontar las exigencias tecnológicas actuales.

8.16 COMPONENTES CRÍTICOS

Los componentes críticos son aquellos elementos del sistema cuyo correcto funcionamiento resulta imprescindible para garantizar la estabilidad, el rendimiento y la operatividad del equipo informático. En el contexto de **Windows 11**, estos componentes están estrechamente vinculados al núcleo del sistema, a la gestión del hardware y a los servicios esenciales que permiten ejecutar aplicaciones y administrar recursos.

Actualizar estos componentes debe realizarse siempre con precaución, ya que cualquier error puede provocar fallos de arranque, pérdida de funcionalidad o inestabilidad general del sistema.

Entre los principales componentes críticos destacan:

El núcleo del sistema (Kernel)

El kernel es el corazón del sistema operativo. Se encarga de coordinar la comunicación entre el software y el hardware, gestionar la memoria, asignar tiempo de procesamiento a las aplicaciones y controlar los dispositivos conectados.

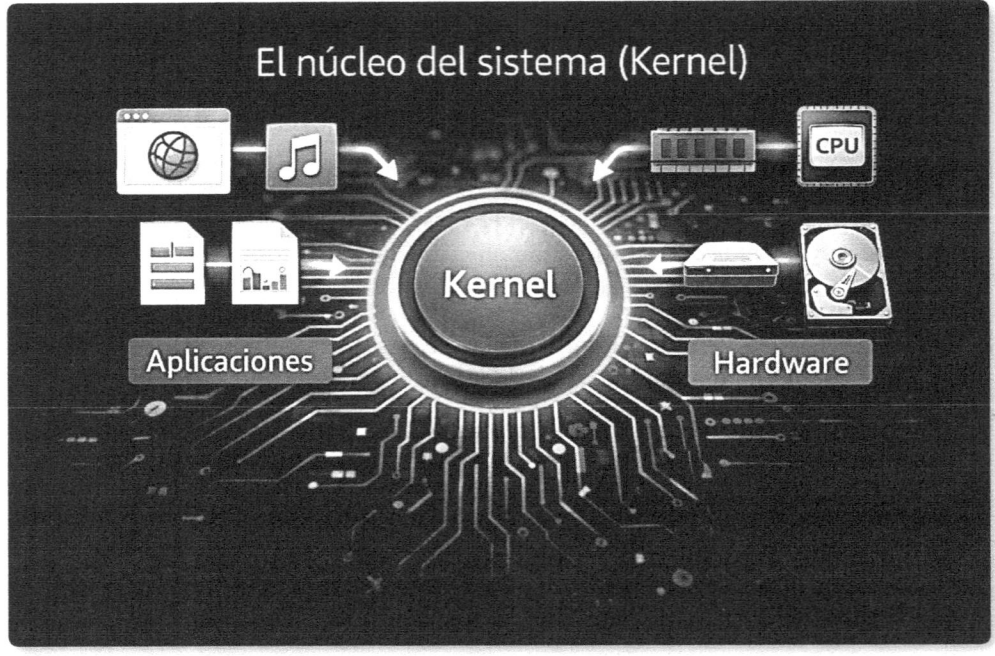

Una actualización del kernel suele incluir mejoras de seguridad, optimización del rendimiento y compatibilidad con nuevas tecnologías. Debido a su relevancia, estas actualizaciones suelen requerir el reinicio del equipo.

Servicios del sistema

Windows 11 funciona gracias a múltiples servicios que se ejecutan en segundo plano. Algunos de los más importantes son:

- Servicios de red.
- Administración de usuarios.
- Servicios de impresión.
- Servicios de almacenamiento.
- Servicios de actualización.

Mantenerlos actualizados permite evitar vulnerabilidades y mejorar la eficiencia operativa.

Sistema de archivos

El sistema de archivos organiza la información almacenada en el disco y garantiza su integridad. Las mejoras en este componente pueden traducirse en:

- Mayor velocidad de acceso a datos.

- Mejor recuperación ante errores.

- Protección frente a corrupción de archivos.

Gestor de memoria

Una gestión eficiente de la memoria permite ejecutar varias aplicaciones simultáneamente sin degradar el rendimiento. Las actualizaciones pueden optimizar el uso de la RAM y reducir bloqueos del sistema.

Motor gráfico del sistema

El subsistema gráfico influye directamente en la experiencia visual del usuario. Su actualización mejora la compatibilidad con aplicaciones modernas, optimiza la aceleración por hardware y reduce problemas de visualización.

8.17 RECOMENDACIONES

Para minimizar riesgos, se recomienda:

- Crear un punto de restauración antes de actualizar.

- Realizar copias de seguridad.

- Evitar apagar el equipo durante el proceso.

- Instalar únicamente actualizaciones oficiales.

- Comprobar la compatibilidad del hardware.

En entornos profesionales, estas actualizaciones suelen probarse previamente en equipos de laboratorio antes de desplegarse de forma masiva.

8.18 COMPONENTES DE SEGURIDAD

La seguridad es uno de los pilares fundamentales de cualquier sistema operativo moderno. Windows 11 incorpora múltiples capas de protección diseñadas para prevenir accesos no autorizados, detectar amenazas y proteger la integridad de la información.

Los componentes de seguridad deben mantenerse siempre actualizados, ya que los riesgos evolucionan constantemente y las amenazas informáticas se vuelven cada vez más sofisticadas.

Entre los elementos más relevantes se encuentran:

Antivirus y antimalware

Windows 11 integra Microsoft Defender, que proporciona protección en tiempo real frente a virus, spyware y otras amenazas. Sus actualizaciones incluyen nuevas firmas de detección capaces de identificar amenazas emergentes.

Un antivirus desactualizado pierde eficacia rápidamente, por lo que la actualización automática es especialmente recomendable.

Firewall

El firewall controla el tráfico de red entrante y saliente, bloqueando conexiones sospechosas. Las actualizaciones mejoran las reglas de filtrado y refuerzan la protección frente a ataques externos.

Arranque seguro (Secure Boot)

Este mecanismo impide que software malicioso se cargue durante el proceso de inicio del sistema. Solo permite ejecutar software firmado digitalmente por fabricantes autorizados.

Módulo TPM (Trusted Platform Module)

Windows 11 exige la presencia de TPM 2.0, un chip de seguridad que permite:

- Cifrar datos.
- Proteger credenciales.
- Garantizar la integridad del sistema.

Su actualización puede mejorar algoritmos criptográficos y reforzar la protección.

8.19 CIFRADO DE DATOS

Herramientas como BitLocker protegen la información almacenada en el disco mediante cifrado. Esto resulta especialmente importante en equipos portátiles, donde el riesgo de pérdida o robo es mayor.

Control de cuentas de usuario (UAC)

Este sistema evita que aplicaciones no autorizadas realicen cambios críticos sin consentimiento del usuario.

8.20 IMPORTANCIA ESTRATÉGICA DE LA ACTUALIZACIÓN EN SEGURIDAD

No actualizar los componentes de seguridad puede provocar:

- Acceso no autorizado a datos.
- Robo de información.
- Instalación de malware.
- Interrupciones del servicio.

Por el contrario, un sistema actualizado reduce significativamente la superficie de ataque.

8.21 CONTROLADORES

Los controladores, también conocidos como drivers, son programas que permiten al sistema operativo comunicarse con los dispositivos hardware. Sin ellos, el sistema no podría reconocer ni utilizar componentes como impresoras, tarjetas gráficas o adaptadores de red.

En Windows 11, la gestión de controladores se ha optimizado para facilitar su instalación y actualización, aunque sigue siendo una tarea clave dentro del mantenimiento del sistema.

8.22 FUNCIONES PRINCIPALES DE LOS CONTROLADORES

Los controladores actúan como intermediarios entre el software y el hardware, permitiendo:

- Traducir instrucciones del sistema operativo al dispositivo.

- Garantizar el funcionamiento correcto del hardware.

- Optimizar el rendimiento.

- Habilitar funciones avanzadas.

Por ejemplo, una tarjeta gráfica sin el controlador adecuado funcionará con prestaciones limitadas.

8.23 TIPOS DE CONTROLADORES MÁS IMPORTANTES

Controladores de chipset

Permiten la comunicación entre la placa base y los demás componentes del equipo.

Controladores gráficos

Influyen en la calidad visual, la aceleración por hardware y el rendimiento en aplicaciones exigentes.

Controladores de red

Garantizan la conectividad a Internet y a redes locales.

Controladores de almacenamiento

Gestionan discos duros, unidades SSD y sistemas RAID.

Controladores de audio

Permiten la correcta reproducción y grabación de sonido.

Controladores de periféricos

Incluyen impresoras, escáneres, cámaras y dispositivos USB.

8.24 MÉTODOS DE ACTUALIZACIÓN DE CONTROLADORES

Existen varias formas de mantenerlos actualizados:

- A través de Windows Update.

- Mediante el Administrador de dispositivos.

- Descargándolos desde la web del fabricante.

- Utilizando software especializado de gestión de drivers. También, existe luna posibilidad de agregar controladores de forma manual..

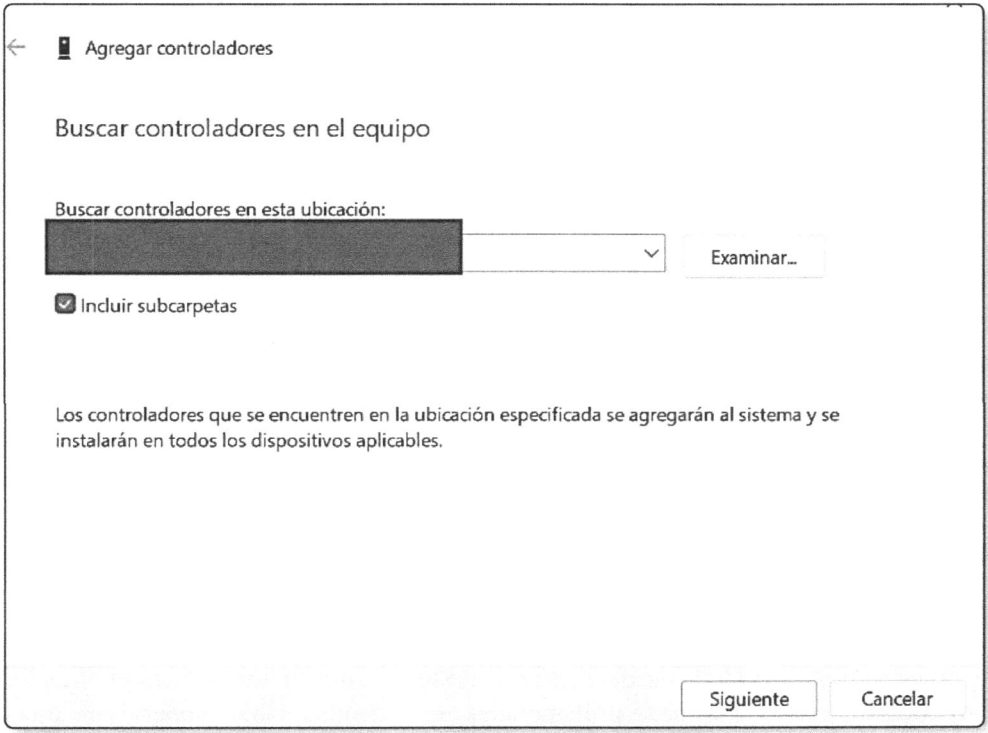

Seleccionándolos desde nuestro equipo y cerciorándonos que se tratan de acudir a fuentes oficiales para evitar software malicioso.

8.25 RIESGOS DE CONTROLADORES DESACTUALIZADOS

Un controlador obsoleto puede provocar:

- Fallos del sistema.
- Pantallas azules.
- Bajo rendimiento.
- Incompatibilidades.
- Problemas de seguridad.

Por ello, la revisión periódica de controladores debe formar parte de cualquier plan de mantenimiento.

8.26 RECOMENDACIONES

- Actualizar solo cuando sea necesario o recomendado.
- Crear un punto de restauración antes de instalar nuevos drivers.
- Evitar versiones beta en entornos productivos.
- Mantener un registro de cambios.

Estas prácticas ayudan a mantener la estabilidad del sistema.

8.27 OTROS COMPONENTES

Además de los componentes críticos, de seguridad y los controladores, existen otros elementos del sistema operativo que también requieren actualización periódica para garantizar el correcto funcionamiento del equipo. Aunque su impacto pueda parecer menor, estos componentes influyen directamente en la experiencia de usuario, la compatibilidad del software y la eficiencia del entorno de trabajo.

En **Windows 11**, muchos de estos elementos se actualizan automáticamente a través de Windows Update o de la Microsoft Store, lo que facilita su mantenimiento. No obstante, en entornos profesionales es recomendable supervisar estas actualizaciones para evitar incompatibilidades.

Entre los principales componentes adicionales destacan los siguientes:

Bibliotecas del sistema (runtime libraries)

Son conjuntos de archivos que permiten ejecutar determinadas aplicaciones. Ejemplos habituales son las bibliotecas de Visual C++ o .NET.

Mantenerlas actualizadas permite:

- Evitar errores al iniciar programas.
- Mejorar la compatibilidad con aplicaciones modernas.
- Reducir vulnerabilidades.

Componentes de la interfaz de usuario

Incluyen el menú Inicio, el explorador de archivos, widgets, paneles de configuración y elementos gráficos del sistema.

Las actualizaciones pueden aportar:

- Mejoras de accesibilidad.
- Mayor fluidez en la navegación.
- Cambios visuales orientados a la usabilidad.

Aplicaciones integradas del sistema

Windows 11 incorpora herramientas preinstaladas como Bloc de notas, Paint, Calculadora, Terminal o el reproductor multimedia. Aunque no son esenciales para el arranque del sistema, sí forman parte del entorno operativo cotidiano.

Su actualización contribuye a:

- Incorporar nuevas funcionalidades.
- Corregir errores.
- Mejorar la seguridad.

Componentes de conectividad y servicios en la nube

La integración con servicios como OneDrive o la sincronización de configuraciones entre dispositivos exige actualizaciones frecuentes.

Estas mejoras permiten:

- Mayor estabilidad en la sincronización.
- Transferencias más seguras.
- Mejor rendimiento en entornos colaborativos.

8.28 IMPORTANCIA DE MANTENER ACTUALIZADOS LOS COMPONENTES SECUNDARIOS

Aunque no siempre son visibles para el usuario, estos elementos:

- Mejoran la experiencia general del sistema.
- Previenen errores inesperados.
- Favorecen la compatibilidad tecnológica.
- Prolongan la vida útil del equipo.

Una estrategia de actualización completa debe contemplar todos los niveles del sistema operativo.

8.29 VERIFICACIÓN DE LA ACTUALIZACIÓN

Una vez finalizado cualquier proceso de actualización, resulta imprescindible comprobar que el sistema funciona correctamente. La verificación permite detectar fallos tempranos y garantizar que los cambios aplicados no han afectado a la estabilidad del equipo.

En entornos empresariales, esta fase forma parte de los protocolos de mantenimiento y calidad.

Comprobación del estado del sistema

El primer paso consiste en confirmar que el sistema operativo inicia con normalidad y que no aparecen mensajes de error.

Se recomienda verificar:

▰ Tiempo de arranque.

▰ Inicio de sesión.

▰ Funcionamiento del escritorio.

▰ Acceso a archivos.

Revisión del historial de actualizaciones

Windows 11 permite consultar qué actualizaciones se han instalado y si alguna ha presentado incidencias.

Esta revisión ayuda a:

▰ Confirmar la instalación correcta.

▰ Identificar posibles errores.

▰ Desinstalar actualizaciones problemáticas.

Windows Update › Historial de actualizaciones

Actualizaciones de características (1)   ∧

Windows 11, version 25H2
Instalada correctamente el 24/11/2025   Ver las novedades

Actualizaciones de calidad (12)   ∧

2026-01 Actualización de seguridad (KB5074109) (26200.7623)
Instalada correctamente el 15/01/2026   Más información

2025-12 Actualización de seguridad (KB5072033) (26200.7462)
Instalada correctamente el 10/12/2025   Más información

2025-11 Actualización de seguridad (KB5068861) (26100.7171)
Instalada correctamente el 12/11/2025   Más información

2025-10 Actualización acumulativa para Windows 11 Version 24H2 para sistemas basados en x64 (KB5066835) (26100.6899)
Instalada correctamente el 15/10/2025   Más información

2025-10 Actualización acumulativa de .NET Framework 3.5 y 4.8.1 para Windows 11, version 24H2 para x64 (KB5066131)
Instalada correctamente el 15/10/2025   Más información

2025-09 Actualización acumulativa de .NET Framework 3.5 y 4.8.1 para Windows 11, version 24H2 para x64 (KB5064401)   Más información

---

8.30 PRUEBAS DE FUNCIONAMIENTO BÁSICO

Es recomendable realizar pruebas rápidas sobre los elementos más utilizados:

▰ Conexión a Internet.   ▰ Aplicaciones corporativas.

▰ Impresoras.   ▰ Dispositivos externos.

Estas comprobaciones reducen el riesgo de interrupciones posteriores.

Monitorización del rendimiento

Tras una actualización importante, puede observarse un consumo elevado de recursos debido a tareas internas de optimización. Sin embargo, si el problema persiste, conviene analizarlo.

Herramientas útiles:

▶ Administrador de tareas.

▶ Monitor de recursos.

▶ Visor de eventos.

Creación de un punto de restauración posterior

Si el sistema funciona correctamente, es aconsejable generar un nuevo punto de restauración que refleje el estado actualizado.

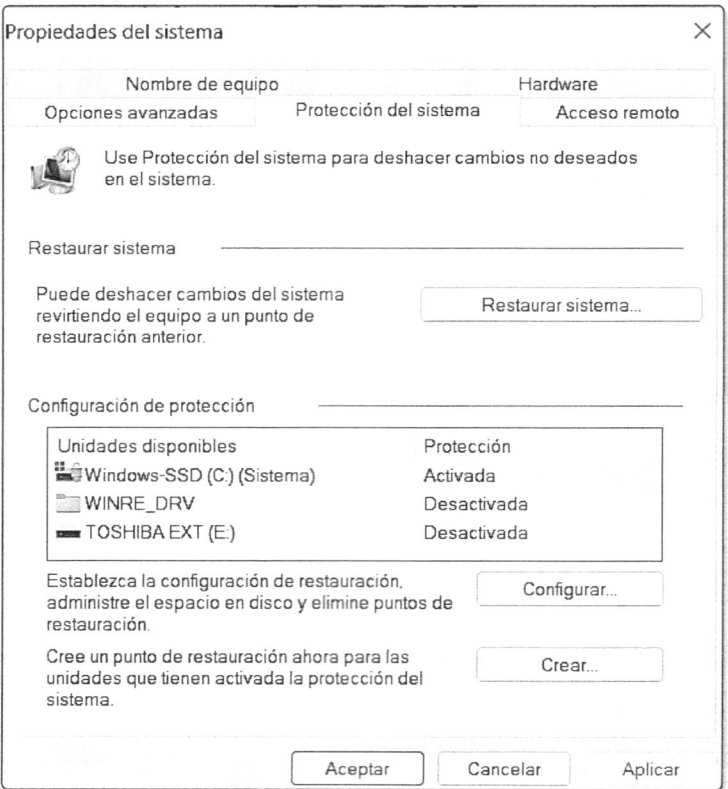

8.31 DOCUMENTACIÓN DE LA ACTUALIZACIÓN

La documentación es una práctica esencial en la administración de sistemas, especialmente en organizaciones donde varios profesionales pueden intervenir sobre los equipos. Registrar cada actualización permite mantener la trazabilidad de los cambios y facilita la resolución de incidencias futuras.

¿Por qué documentar las actualizaciones?

Porque permite:

- Saber qué cambios se han realizado.

- Identificar el origen de posibles fallos.

- Cumplir políticas de auditoría.

- Mejorar la gestión del mantenimiento.

Para que tu registro sea más completo, puedes incluir:

- **Fecha:** día en que se realiza la tarea.

- **Equipo / ID:** nombre del dispositivo, número de inventario o código interno.

- **Usuario:** persona asignada al equipo.

- **Tipo de mantenimiento:** preventivo, correctivo, actualización, diagnóstico, etc.

- **Descripción de la tarea:** detalle de lo realizado.

- **Estado:** completado, en proceso, pendiente.

- **Responsable:** técnico o administrador que ejecuta la tarea.

- **Observaciones:** notas adicionales, reinicios, incidencias, recomendaciones.

Observaciones	Reinicio requerido.	Sin incidencias.	Pendiente revisión de espacio.	Requiere autorización del usuario.
Responsable	Técnico 1.	Técnico 1.	Técnico 2.	Técnico 3.
Estado	Completado.	Completado.	En proceso.	Pendiente.
Descripción de la tarea	Instalación de actualizaciones acumulativas de Windows Update.	Reparación de archivos del sistema con sfc /scannow.	Limpieza de disco y eliminación de archivos temporales.	Desinstalación de software conflictivo.
Tipo de mantenimiento	Preventivo.	Correctivo.	Preventivo.	Correctivo.
Usuario	Juan Pérez.	Juan Pérez.	Marta Ruiz.	Carlos López.
Equipo / ID	PC-WS-014.	PC-WS-014.	PC-WS-022.	PC-WS-030.
Fecha	10/02/2026.	10/02/2026.	11/02/2026.	11/02/2026.

8.32 RECOMENDACIONES

- ⚐ Utilizar formatos estandarizados.
- ⚐ Mantener los registros actualizados.
- ⚐ Guardar la documentación en repositorios accesibles.
- ⚐ Automatizar el registro cuando sea posible.

Una documentación clara reduce tiempos de intervención y mejora la eficiencia operativa.

8.33 VALOR ESTRATÉGICO DE LA DOCUMENTACIÓN

Más allá del mantenimiento técnico, documentar las actualizaciones contribuye a construir una cultura organizativa basada en el control, la previsión y la mejora continua. En entornos profesionales, esta práctica diferencia una gestión improvisada de una administración tecnológica madura.

ACTIVIDADES

Actividad 1. Comprobación previa antes de actualizar

Objetivo: aplicar un procedimiento seguro de actualización.

Desarrollo: antes de actualizar Windows 11, realiza una lista de verificación con estos puntos mínimos:

- Espacio libre en disco.
- Conexión eléctrica (o batería suficiente).
- Copia de seguridad de datos críticos.
- Comprobación de controladores relevantes (red y gráficos).

Explica por qué cada punto reduce riesgos.

Actividad 2. Identificación de fuentes de actualización

Objetivo: reconocer canales fiables y seleccionar el más adecuado según el entorno.

Desarrollo: clasifica estas fuentes como **domésticas** o **corporativas** y explica un uso típico:

- Windows Update (servidores oficiales).
- Repositorio corporativo interno.
- Catálogo oficial de descargas de Microsoft.
- Actualizaciones del fabricante (firmware/controladores).

Actividad 3. Configuración de Windows Update para evitar interrupciones

Objetivo: adaptar las actualizaciones automáticas a la jornada de trabajo.

Desarrollo: describe cómo configurar:

- Horas activas (para evitar reinicios en horario laboral).
- Pausa temporal de actualizaciones (cuándo es razonable usarla).
- Reinicio programado.

Incluye dos ejemplos de situaciones reales (presentación, cierre de mes, etc.).

Actividad 4. Verificación posterior a una actualización

Objetivo: comprobar que el sistema queda estable tras el proceso.

Desarrollo: tras una actualización, define 6 comprobaciones rápidas:

- Arranque e inicio de sesión.
- Red (Wi-Fi/Ethernet).
- Impresora o periférico crítico.
- Aplicación principal (por ejemplo, suite ofimática).
- Revisión del historial de actualizaciones.
- Visor de eventos o administrador de tareas (rendimiento).

Actividad 5. Registro y documentación del mantenimiento

Objetivo: elaborar un parte de actualización trazable.

Desarrollo: rellena un registro con estos campos:

- Fecha.
- Equipo/ID.
- Tipo de actualización (seguridad, acumulativa, características, driver).
- Acciones realizadas (incluye reinicios).
- Incidencias y solución (si la hay).
- Responsable.

Explica por qué documentar mejora futuras intervenciones y auditorías.

PREGUNTAS TIPO TEST

1. **¿Cuál es el objetivo principal de mantener Windows 11 actualizado?**
   a) Cambiar el hardware del equipo.
   b) Mejorar seguridad, estabilidad y compatibilidad.
   c) Evitar que se instalen aplicaciones nuevas.
   d) Reducir el espacio disponible en disco.

2. ¿Qué fuente de actualización se considera la más segura por defecto?

a) Descargas desde sitios no oficiales.

b) Servidores oficiales del fabricante (Windows Update).

c) Archivos compartidos por usuarios en foros.

d) Programas "optimizadores" de terceros.

3. ¿Cuál de estas actualizaciones introduce nuevas funciones y cambios relevantes del sistema?

a) Actualización de seguridad.

b) Actualización acumulativa.

c) Actualización de características.

d) Actualización de firma de antivirus.

4. ¿Qué práctica reduce el riesgo de pérdida de datos antes de una actualización importante?

a) Desinstalar el antivirus.

b) Apagar el equipo durante la instalación.

c) Realizar una copia de seguridad de la información crítica.

d) Desconectar el disco principal.

5. Tras una actualización, ¿qué acción permite confirmar qué se instaló y detectar posibles errores?

a) Formatear el disco.

b) Consultar el historial de actualizaciones.

c) Cambiar el monitor.

d) Desactivar Windows Update permanentemente.

RESPUESTAS

1. B.

2. B.

3. C.

4. C.

5. B.

Apéndice

ATAJOS DE WINDOWS

Los **atajos de teclado de Windows** son combinaciones de teclas que permiten ejecutar acciones de forma inmediata sin necesidad de utilizar el ratón. Su principal objetivo es **mejorar la eficiencia**, reducir el tiempo de ejecución de tareas y facilitar la navegación por el sistema operativo.

En entornos profesionales, dominar estos atajos se considera una competencia básica, ya que incrementa la productividad, disminuye la fatiga asociada al uso continuo del ratón y permite trabajar con mayor fluidez.

IMPRESCINDIBLES (ÚSALOS TODOS LOS DÍAS)

Atajo	Función
Ctrl + C	Copiar.
Ctrl + V	Pegar.
Ctrl + X	Cortar.
Ctrl + Z	Deshacer.
Ctrl + S	Guardar.
Ctrl + A	Seleccionar todo.
Alt + Tab	Cambiar entre aplicaciones.
Alt + F4	Cerrar ventana o programa.
Windows + D	Mostrar escritorio.
Windows + E	Abrir Explorador de archivos.
Windows + L	Bloquear el equipo.
Windows + I	Abrir Configuración.

PRODUCTIVIDAD RÁPIDA

Atajo	Función
Ctrl + Shift + Esc	Abrir Administrador de tareas.
Windows + R	Abrir Ejecutar.
Windows + S	Buscar en Windows.
Windows + Tab	Vista de tareas.
Windows + número (1–9)	Abrir apps ancladas.
F2	Cambiar nombre a un archivo.
Ctrl + Shift + N	Crear nueva carpeta.
Alt + Enter	Ver propiedades.

ORGANIZACIÓN DE VENTANAS (MULTITAREA PRO)

Atajo	Función
Windows + Flecha izquierda/derecha	Ajustar ventana a media pantalla.
Windows + Flecha arriba	Maximizar.
Windows + Flecha abajo	Minimizar.
Windows + Shift + Flechas	Mover ventana entre monitores.

ESCRITORIOS VIRTUALES

Atajo	Función
Windows + Ctrl + D	Crear escritorio virtual.
Windows + Ctrl + Flechas	Cambiar de escritorio.
Windows + Ctrl + F4	Cerrar escritorio actual.

CAPTURAS DE PANTALLA

Atajo	Función
Windows + Shift + S	Recorte de pantalla.
Windows + PrtScn	Guardar captura automáticamente.
Alt + PrtScn	Capturar ventana activa.
PrtScn	Copiar pantalla al portapapeles.

SISTEMA Y HERRAMIENTAS

Atajo	Función
Windows + X	Menú avanzado de Windows.
Windows + U	Accesibilidad.
Windows + P	Proyectar pantalla.
Windows + K	Conectar dispositivos inalámbricos.
Ctrl + Alt + Supr	Opciones de seguridad.

ATAJOS POCO CONOCIDOS (MUY POTENTES)

IN	Función
Windows + V	Historial del portapapeles.
Windows + H	Dictado por voz.
Windows + .	Panel de emojis.
Windows + G	Barra de grabación.
Windows + +	Activar lupa.
Windows + Esc	Cerrar lupa.
Windows + Ctrl + Shift + B	Reiniciar controlador gráfico.

LOS 10 QUE MÁS TE HACEN GANAR TIEMPO

Memorízalos primero

- Alt + Tab
- Windows + E
- Windows + D
- Windows + L
- Ctrl + Shift + Esc
- Windows + Shift + S
- Windows + Flechas
- Ctrl + Z
- Windows + V
- Windows + R

SÍGUENOS EN INSTAGRAM Y ACCEDE GRATIS A NUESTRA BIBLIOTECA DIGITAL DURANTE 30 DÍAS.

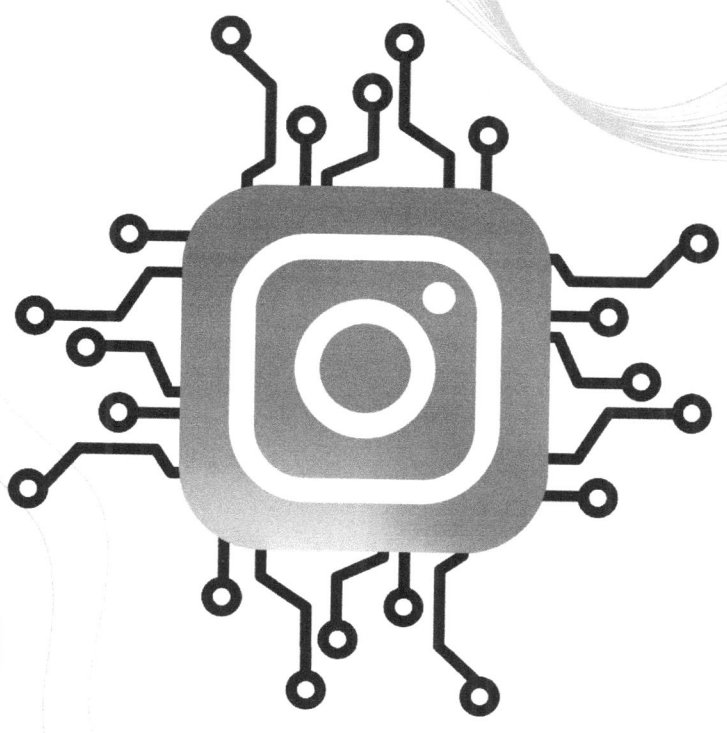

@grupoeditorialrama

¡ENVIANOS TU MAIL POR PRIVADO!

Grupo Editorial
ra-ma

40 ANIVERSARIO